地域金融機関と
会計人の連携

中堅・中小企業の創業・成長・事業承継・再生支援バイブル

総合経営グループ
CEO　　　　長谷川佐喜男　公認会計士・税理士

平安監査法人
CEO　　　　西川吉典　　　公認会計士・税理士

［著］

一般社団法人 **金融財政事情研究会**

はじめに

執筆のきっかけ──

　地元京都は、伝統産業・工芸が多く、中小零細企業の資金調達を救済するために、他府県に比べると、地域金融機関の力が強く、会計人とのかかわりも強いと思います。

　平成27年、地域の銀行が、税理士会支部単位に会計人との交流会を発足し、支店長との情報交換の場が設けられました。われわれ会計人も銀行も、人口減少と経済活動の縮小で、先行き不透明な業種であり解決策を見つけることは急務となっています。

　支店長は異口同音に、「どうしたら、新規融資が伸びるだろうか」同じくわれわれ会計人は「どうしたら、新規顧客をつかめるだろうか」と、情報交換しているうちに、同じ悩みに行き着くことに気がつきました。

　中小企業の財務内容を知り尽くし、資金繰りや経営改善策についての相談役である会計人と、企業の成長と発展のパートナーである金融機関が連携をとって、地元企業と地域経済に貢献することが、最終的にわれわれの活路につながると確信しました。

　私が開業当初からいろいろとお世話になった地域金融機関の皆様にも、日常業務に埋没するだけではなく、本来の使命である「企業を育て、地域社会とともに生きる」ということを再認識していただきたく、本書の執筆を決意いたしました。

　われわれ会計人も記帳代行・税務申告書作成という昨日の商品に甘んじることなく、金融機関の皆様を納得させることができ

る、財務諸表作成やアドバイスで、新しいコンサルティングへの道を目指したいと思います。

今回の執筆にあたり、多くの金融機関の方にアドバイスを頂戴し、大変感謝しております。本書のなかで失礼に当たる部分があれば、お許しいただきたいと思いますが、今後の営業活動に少しでもお役に立てば、幸甚に存じます。

私が監査法人から独立し、京都で開業して三十余年になります。開業当初から他の会計人との差別化を目指して、得意分野を何にするのか考えていたところ、空前の不動産ブーム・株価高騰と、いわゆる「バブル」が始まりました。法人・個人ともに節税ブームが花盛りで、相続対策や土地の有効活用等、銀行のご紹介でダイナミックな仕事にも取り組むことができて、夢のような時代でした。当時の銀行も次から次へと融資案件が持ち上がり、証券業界を含めて金融機関の黄金時代でした。

時代が移り変わり、われわれ会計人も税理士業務に限れば、通常業務だけでは、生き残れない厳しい時代となりました。一方、銀行の体制も様変わりし、預金と貸付の逆鞘現象から、経営の悪化は銀行の存続にかかわる問題となり、さまざまな現象が起こってきました。

共通の顧客である中堅中小企業の活性化と、地域社会（産業）の繁栄を目指して、金融機関と会計人が連携することが、いまこそ必要な時代だと感じています。

金融庁の発表──

平成27年に入って、地域金融機関、特に、地方銀行の合併や存続についての記事が目につくようになりました。10月3日の金融庁の記事からですが、地方銀行の2割が平成30年3月期の経常利益が現状の半分以下になるとの試算を公表しました。原因は金融機関同士の競争激化や人口減少による厳しい経営環境の悪化があるようです。

バブル崩壊時の経験から、金融庁は、金融機関の経営再建に国庫金を投入することは考えていないので、再編による効率化や営業基盤の拡大と独自の事業モデルの導入を考えるなど、地方銀行独自での経営戦略を検討するように促しています。

アベノミクスの目玉の1つである、地域ごとの成長戦略を策定する「地方創生」についても、約7割の金融機関がなんらかのかたちで自治体と連携をとっているようです。地域密着型の地方銀行が、地域創生にどこまでかかわれるのかが、今後の課題となります。

マイナス金利の実施──

日銀は平成28年1月29日、銀行から預かる当座預金の金利の一部をマイナスにする金融緩和策の導入を決定しました。これには、2つのねらいがあります。

第一に、金利の低下により銀行の貸出金利や債券の利回りが下がり、企業の投資や個人の住宅購入など経済活動が刺激されることです。第二にリスク性資産の購入が増えて、市場環境を好転させ、投資家のお金が国債以外の株式や外貨などに向かい、その結

はじめに　iii

果株価が上がれば、資産効果によって個人の消費が刺激されるところにあります。

　一方、日銀当座預金の金利がマイナスになれば、銀行の収益に悪影響を及ぼし、個人や企業に円滑なお金を供給するという、銀行の仲介機能が損なわれてしまい、資本市場で調達がむずかしい中小企業に対しては、資金供給が低下するというデメリットも考えられます。

　いずれにしても、経済の刺激には、金融緩和による金融政策だけでなく、地方においては中小企業を活性化させるべく、成長戦略が期待されるところであります。

本書のねらい──

　第1章では、地域金融機関と会計人の特徴やビジネスモデルの変遷を時代とともに追いながら、厳しい状況下ではありますが、どのようにして地域の中小企業を盛り立てて、あらゆる局面において、両者の連携により顧客サービスの向上を図り豊かな地域社会をつくりだすかをねらいとしています。

　第2章では、日本公認会計士協会で作成しました「中小企業の支援は公認会計士にお任せ下さい」というリーフレットをご紹介します。われわれ会計人と地域金融機関が連携することによって、顧客である地元中小企業の成長を促し、地域経済を元気にさせていきたいと考えています。

　第3章では、地域経済の発展には、既存企業を支援育成するだけでは、限界があります。創業支援により、新規融資に結びつき、地域金融機関と会計人の連携によって新しい会社に命を吹き

込むこともわれわれの使命と感じています。創業ステップに応じた支援の仕方や具体的な方法を示しています。

　第4章の「企業成長を支援する」では、企業の安定成長をどのように支援していくべきかを記載しています。経営者・会計人・地域金融機関の共通の目的は、企業の安定成長による「稼ぐ力」をつけることです。そのために必要となってくる経営計画、管理会計、取締役会を中心とした「攻めのガバナンス」と「守りのガバナンス」をご紹介します。「守りのガバナンス」は東芝や林原といった事例を使ってオーナー経営者による自律的なガバナンスの重要性と、地域金融機関・会計人に期待される役割をご紹介します。

　第5章では、中小企業が事業を継続するうえで難所となる後継者への事業承継について、基礎知識やスキーム、GOOD 事例、BAD 事例をご紹介します。

　第6章では、企業再生・廃業についての基本的な考え方を記載しています。永遠の発展を夢見た企業でも、経営に行き詰まり、再生や廃業を決断する場面があります。経営改善計画の作成例と、巻末には弊所で扱った再生事例を紹介しております。

　第7章では、平成27年相続税増税の影響で、富裕層にとっては厳しい税負担となる現状に触れます。富裕層の財産をいかに守り抜くか、地域金融機関へもご相談が多くあると思います。地方に住む両親の相続にあたり、被相続人の預金が都会に住む相続人に流出するのを防止するためにも、金融マンとして最低知っておきたい相続税の基礎知識と相続対策を解説しております。

はじめに　v

本書については、企画の段階から章立ての構成まで、一般社団法人金融財政事情研究会の谷川治生理事に貴重なご意見を頂戴し、完成を迎えましたことに、深く感謝申し上げます。

　事業承継の章では、日本M&Aセンターに出向経験のある、武村治寿税理士の協力を得て、税務面も充実させました。

　末尾ですが、金融機関関係者、会計事務所関係者、職員、オーナー経営者、相続税の対象となる資産家の皆様にお役に立てれば、幸甚に存じます。

　平成28年2月

長谷川佐喜男

西　川　吉　典

【著者紹介】

長谷川　佐喜男（はせがわ　さきお）　公認会計士・税理士

昭和26年　京都生まれ

昭和50年　関西学院大学商学部卒業

昭和54年　昭和監査法人（現新日本有限責任監査法人）大阪事務所
　　　　　入所

昭和59年　長谷川公認会計士事務所設立　現在に至る

平成17年　税理士法人総合経営設立　代表社員
　　　　　総合経営株式会社・株式会社財産コンサルタンツ
　　　　　株式会社 M&A パートナーズ
　　　　　相続贈与コンサルティング株式会社
　　　　　新公益支援コンサルタンツ株式会社　各代表を務める

平成25年　公認会計士功労により黄綬褒章受章

平成28年　平安監査法人　社員

〈役職〉

元日本公認会計士協会　本部理事（平成16年～22年）

元日本公認会計士協会　京滋会会長（平成19年～22年）

元日本 FP 協会　CFP® 認定試験委員（相続・事業承継）

〈著書〉

『株式等鑑定評価マニュアルの解説』（商事法務）

『ベンチャー企業等創業支援マニュアル』（日本公認会計士協会編）

『オーナー経営者のための M&A ガイドブック』（中央経済社）

『IT ベンチャー成功のシナリオ』（中央経済社）

『よくわかる経営シリーズ―相続・事業承継・組織再編等―』（非売品）

〈執筆担当〉

第1章、第2章、第3章、第5章の一部、第7章

西川　吉典（にしかわ　よしのり）　公認会計士・税理士

昭和47年　京都生まれ

平成7年　同志社大学工学部機械工学科卒業

平成7年　機械メーカーに入社

平成16年	公認会計士試験 2 次試験合格
	中央青山監査法人（現京都監査法人）京都事務所入所
平成21年	西川吉典公認会計士事務所設立
平成22年	総合経営株式会社　取締役就任
平成28年	平安監査法人　CEO　代表社員

〈役職〉

京都府 府民生活部　会計監査員（平成21年度・22年度）

滋賀県特定非営利活動法人指定委員会委員

営利法人・公益法人・学校法人等の役員を多数歴任

日本公認会計士協会 経営研究調査会　再生支援専門部会員

日本公認会計士協会　京滋会幹事（現在　経営委員会委員長）

〈著書〉

『公益法人移行成功のシナリオ』（中央経済社）

〈執筆担当〉

第 4 章、第 5 章の一部、第 6 章

総合経営グループの概要

昭和59年創業、母体は公認会計士事務所・税理士法人。中堅中小企業への経営指導を皮切りに相続・贈与、資産運用・不動産有効活用、M&A、非営利法人運営指導、労務管理等の各種コンサルティング会社を設立。

また、平成28年 2 月に平安監査法人を設立。中堅中小企業・社会福祉法人・医療法人・農協向けの監査およびアドバイザリー業務を行う。

URL: http://www.sogokeiei.co.jp

本の内容については以下にお問い合わせください。

　FAX　　075-256-1231

　メール　info@sogokeiei.co.jp

目　次

Ⅰ　地域金融機関と会計人

第1章　先細りする顧客基盤 ……………………………… 3

生産年齢人口と企業数の減少が加速 ……………………… 4

Co-operator（協力者）として共栄を図る ……………… 5

地域金融機関の強みと課題 ………………………………… 7

会計人の強みと課題 ………………………………………… 21

　［コラム］　伸びる支店長 ……………………………… 38

Ⅱ　中小企業向けサービス

第2章　連携で広がる支援の可能性 ………………… 45

第3章　創業を支援する ………………………………… 53

創業支援の必要性 …………………………………………… 54

創業の基礎知識 ……………………………………………… 56

資金調達手段 ………………………………………………… 64

地域金融機関等による創業支援 …………………………… 70

第4章　企業の成長を支援する ……………………… 73

経営者と会計人、地域金融機関の目的は同じ ……………… 74

経営計画の策定支援 ………………………………………… 77

まずは経営理念を明確にする ……………………………… 80

大切なのは経営計画をつくった後 ………………………… 81

　［コラム］　参考になる経営計画作成指南書 ……………… 83

　［コラム］　経営者の経営計画策定の邪魔をするもの、

　　　　　　それは日常業務 ………………………………… 91

成長戦略としてのコーポレートガバナンス ……………… 92

地域金融機関にとっての2つのコード ………………… 104

林原の倒産とコーポレートガバナンス ………………… 106

オーナー企業の強みと弱み ……………………………… 109

オーナー企業のガバナンスはオーナー次第 ………… 111

取締役会とは別に経営会議が必要か ………………… 113

社外取締役 ………………………………………………… 114

社外取締役の要件 ………………………………………… 118

地域金融機関によるデット・ガバナンス ……………… 120

ガバナンスの一部としての会計人 …………………… 121

日本公認会計士協会地域会と京都信用保証協会の取組み … 122

中小企業の海外展開支援 ………………………………… 124

粉飾決算は隠し通せるか ………………………………… 126

東芝の粉飾決算 …………………………………………… 127

　［コラム］　社員へのプレッシャーはどのくらい必要

　　　　　　か？ ………………………………………… 133

x　目　　次

税務調査で従業員の着服が発覚！　会社の責任は？ ……… 133

特別目的の公認会計士による監査 ………………………… 134

　　[コラム]　社会福祉法人の制度改革とコーポレートガ

　　　　　　バナンス ……………………………………… 136

CFO が不足している ……………………………………… 138

ガバナンスの急所はトップ人事 ………………………… 142

第5章　事業承継を支援する ………………………… 145

事業承継の現状 …………………………………………… 147

事業承継の進め方 ………………………………………… 150

現状把握 …………………………………………………… 152

承継方法・後継者の決定 ………………………………… 154

事業承継計画の作成 ……………………………………… 154

具体的な対策の実行 ……………………………………… 155

　　[コラム]　株価算定を専門家に依頼する前に ………… 160

承継方法および後継者の確定 …………………………… 161

M&A の進め方 …………………………………………… 164

オーナー経営者の悩み …………………………………… 170

先代経営者の成功体験が経営改善を遅らせる ………… 171

　　[コラム]　理想的な事業承継の事例 ………………… 176

オーナー経営者の相続対策 ……………………………… 177

事業承継対策における地域金融機関と会計人の連携 ……… 181

使い勝手がよくなった納税猶予制度 …………………… 185

自社株対策 ………………………………………………… 189

目　次　xi

第 6 章　企業再生・廃業を支援する ……………… 215

再生計画策定の数値基準 ……………………………… 216

地域金融機関から DD を担当する会計人への指摘 ……… 216

経営改善計画の例 ……………………………………… 217

統合報告書と経営改善計画書 ………………………… 220

廃業のベストタイミング ……………………………… 221

「経営者保証に関するガイドライン」の活用 …………… 222

事業再生の例 …………………………………………… 224

Ⅲ　富裕層・個人向けサービス

第 7 章　富裕層の相続を支援する ………………… 227

人口減少と高齢化時代 ………………………………… 228

相続税増税による相続税の大衆化 …………………… 229

地銀による相続税囲い込み戦略 ……………………… 231

インフレ到来による資産運用・資産防衛のあり方 ……… 233

相 続 税 …………………………………………………… 235

相続対策 ………………………………………………… 247

信託の活用 ……………………………………………… 268

贈 与 税 …………………………………………………… 274

法・個連結バランスシートをつくる ………………… 293

　［コラム］　メガバンクの「税理士はがし」…………… 301

あとがき──いかに両者が経営者の心に寄り添えるか ……… 303

巻末資料1　金融庁「経営者保証に関するガイドライン」
　　　　　　の活用に係る参考事例集の抜粋 ……………… 305

　　　　2　SWOT 分析の例 ……………………………… 314

　　　　3　筆者たちがかかわった事業再生事例 ………… 315

参考文献 …………………………………………………… 327

I

地域金融機関と会計人

先細りする顧客基盤

生産年齢人口と企業数の減少が加速

　戦後70年間、日本経済は幾度も危機を乗り越えながら、成長し続けてきました。しかし、平成20年をピークに人口減少が始まり、少子高齢化に伴う生産年齢人口の減少は、経済発展の重い足かせとなっています。とりわけ地方においては、東京圏への過度な人口流出と相まって人口減少が加速、いまや地方都市の消滅が取り沙汰されるほどです。

　中小企業庁が平成25年12月に発表した平成24年2月時点の中小企業・小規模事業者（以下「中小企業」という）数は、385万社という衝撃的な数字でした。平成21年の420万社から3年間で35万社、率にして8.3%も減少したのです。中小企業は、全産業の99.7%、全従業者の69.7%を占めていますが、地方圏に限ればそのウェイトは、企業数で実に99.9%、従業者で85.2%に上昇します。

　現在、政府が音頭をとる「まち・ひと・しごと創生総合戦略」では、この人口減少と地域経済縮小の悪循環を断ち切ることを第一の視点に据えていますが、地方の中小企業を守り、育てていかなければ、地方からの人口流出を防ぎ、若年層のUターン就業を増加させることは不可能です。地域経済の縮小はまた、地域金融機関と私たち会計人（公認会計士・税理士）の業務基盤が先細りしていくことを意味します。

　地域金融機関と会計人は、共通の顧客（取引先・顧問先）をもち、どちらも顧客の悩みを解決する手助けをすることを使命とし

ています。これまで顧客の紹介ぐらいしか、つきあいのなかった
地域金融機関と会計人が、それぞれの強みを発揮しながら協力し
あって地元顧客の成長と夢の実現を手伝い、ひいては地域経済の
活性化に貢献できるはずです。

Co-operator（協力者）として共栄を図る

　図表1 - 1は、マーケティング分析でよく使われる4Cのフ
レームワークでこのWin-Win-Winの関係を示したものです。4C
とは、Customer（顧客）、Company（自社）、Competitor（競合）、
Co-operator（協力者）の頭文字をとった戦略策定の枠組みをいい
ます。ここでは、地域金融機関をCompany（自社）、会計人を
Co-operator（協力者）としています。

① 　Customer（顧客）……優良な顧客を選定し、その悩みとニー
　　ズを明確にし、「自社、自事務所」を選んでもらえるように徹
　　底的に努力します。法人顧客の場合には、地域・規模・業種・
　　置かれたポジションといった側面から何を望んでいるのかを分
　　析します。

② 　Company（自社）……自社の得意分野、たとえば金利優遇な
　　のか、日常業務におけるアドバイスや最適な専門家を紹介でき
　　る優位性なのかを認識します。会計人の場合は、顧客の悩みに
　　対して適切に対処できる人材の配置、ノウハウの蓄積等をア
　　ピールする力をもつことが大切です。

③ 　Competitor（競合）……地域金融機関にとってのライバルは
　　他行、とりわけメガバンクでしょう。体力ではかないませんか

第1章　先細りする顧客基盤　5

ら、顧客の要望への対応でどこまで差別化できるかが重要となります。

④ Co-operator（協力企業）……地域金融機関と会計人が共通の顧客に対してお互いに情報交換をしながら、協同で顧客の悩み事を解決することです。顧客の要望を満たすためには、当事者意識をもつことが大切です。金融機関は資金需要に対して、適切な貸出を行う（「晴れた日に傘を貸し、雨の日に傘を貸さない」ということがない）ことが大切です。一方、会計人は、顧客の悩み、節税・資金繰りアドバイス・その他経営上のアドバイスに対して、専門的なサービスを提供することです。

本書では、顧客の悩み、ニーズに対するソリューションの切り口から地域金融機関と会計人の連携強化の可能性を解説していきますが、その前に、相互理解のために、それぞれの業務と現在置かれている状況を整理します。読者ご自身が属されている業界に

図表1−1 地域金融機関と会計事務所の戦略的関係

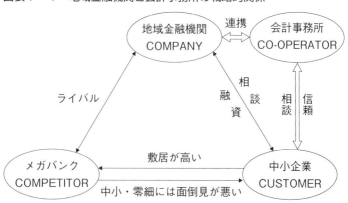

ついてはよくご存じでしょうから、読み飛ばしていただいて結構
です。

地域金融機関の強みと課題

◆ 地域金融機関とは

　私たちが日頃何気なく利用している金融機関には、さまざまな
形態があり、それぞれの設立目的と顧客層が異なります。

　金融機関は、中央銀行（日本銀行）は別にして、大きく「公的
金融機関」と「民間金融機関」の２つに分類されます。公的金融
機関（政府系金融機関）としては日本政策投資銀行、日本政策金
融公庫、国際協力銀行、商工組合中央金庫が存在します。このう
ち日本政策金融公庫は、かつての、国民生活金融公庫・中小企業
金融公庫・農林漁業金融公庫が平成20年に統合して設立されまし
た。一方、民間の金融機関は、「普通銀行」「信託銀行」「信用金
庫」「信用組合」「労働金庫」「農協・漁協」「在日外国銀行」に分
かれます。本書では主に株式会社の地方銀行と第二地方銀行、協
同組織金融機関である信用金庫と信用組合を「地域金融機関」と
して取り扱います。

　前項で地域金融機関の Competitor に位置づけたメガバンクに
は、「三菱 UFJ フィナンシャルグループ」「みずほフィナンシャ
ルグループ」「三井住友フィナンシャルグループ」の３社が存在
します。かつての都市銀行が統合してできあがったもので現在は
３グループとも本社を東京に置き、ほぼ全都道府県に出店してい

第1章　先細りする顧客基盤　7

ます。法人営業では中堅・大企業取引が中心ですが、近年は個人
金融取引と国際業務からの収益を伸ばしています。都市銀行とし
ては３大メガバンクのほか、大阪本社のりそな銀行と埼玉りそな
銀行、近畿大阪銀行を傘下にもつ、りそなホールディングスがあ
ります。

　さて、地方銀行は都市銀行と同様に、銀行法に基づく普通銀行
であり、取り扱っている業務の種類も都市銀行と同じです。その
特徴は営業地域が本店の所在している都道府県とその隣接した地
域に集中しており、地域に密着した経営を行っています。

　地方銀行には「地方銀行」と「第二地方銀行」という２つの業
態があります。地方銀行が取引している中小企業は比較的規模の
大きい中堅クラスの企業が多く、本店のある府県内の預金・貸出
シェアが高いことを特徴としています。第二地方銀行は、前身が
中小企業専門金融機関である相互銀行であり、中小企業のなかで
も比較的規模の小さな中小零細企業の取引に強みをもっていま
す。信用金庫と信用組合は、その組織に属する人たちが、お互い
に資金を出し合って助け合う、「相互扶助」を目的とした協同組
織の形態をとっています。融資を受けるには、出資をしているこ
とが条件になり、その出資者を「会員（普通出資者）」といいま
す。会員は主に中小企業のオーナーで、収益の一部は配当として
会員に還元されるという仕組みになっています。

◆　危機を経て地域への密着度高める

　国民から預金を預かり、その資金を企業に貸し出すという、金
融機関を中心とした間接金融システムは、戦後長い間日本経済の

8　Ⅰ　地域金融機関と会計人

成長を支えてきました。しかし、石油ショック以後、低成長期に入ると、企業の資金需要は低迷し、小さくなったパイをめぐる銀行間の貸出競争は激化しました。そうしたなか、円高不況対策として打たれた金融緩和や内需拡大政策をきっかけにバブルが発生、金融機関はこぞって土地や株式への投機資金を貸し付け、実体のないマネーゲームをあおり、空前の高利益を計上しました。

　そのツケは、バブル崩壊後すぐに回ってきます。平成に入ると不良債権処理負担から多くの金融機関が実質債務超過状態に陥ります。自己資本比率規制をクリアできずに、あるいは信用不安を背景にした預金の急激な流出から、都市銀行から信用組合まであらゆる業態で破綻と統合が相次ぎました。

　この「平成金融不況」は、公的資金の注入もあって平成16年頃にようやく収束、その後厳しいリストラによるコストカットを主因に金融機関収益も回復しました。しかし、平成元年度に1,001あった地域金融機関（地銀・第二地銀・信用金庫・信用組合）の数は、平成26年度には526にまで減少しました（図表1－2参照）。

　このように「失われた20年間」に地域金融機関の数が半分近くまで減り、かつ、リーマンショック後に施行された中小企業金融円滑化法（平成21年12月～平成25年3月）に基づく返済条件の緩和もあって、残っている金融機関による、地域経済の発展と活性化に及ぼす影響力は強まっています。逆にいえば、中小企業の経営動向いかんによって地域金融機関の将来が決まるといっても過言ではありません。

　現在の地域金融機関の最大の経営課題は、本業の収益源である預貸金利ザヤの縮小に歯止めがかからないことです。日本経済

第1章　先細りする顧客基盤　9

図表1-2　金融機関数の推移

年度末	銀　行						信金	信組	その他	合計
	都銀	地銀	地銀Ⅱ	信託銀	長信銀	その他共計				
昭和49年度	13	63	72	7	3	158	476	492	―	1,126
54	13	63	71	7	3	157	462	484	―	1,103
59	13	64	69	7	3	156	456	462	―	1,074
平成元	13	64	68	16	3	164	454	415	47	1,080
6	11	64	65	23	3	167	421	374	47	1,009
11	9	64	60	33	3	171	386	292	41	890
16	7	64	48	25	1	154	298	175	16	643
21	6	64	42	19	0	147	272	159	17	595
26	5	64	41	16	0	141	267	154	17	579

（注）　地銀Ⅱは、第二地方銀行協会加盟の銀行で、平成3年度までは相互銀
　　　行を含む。昭和62年度までは相互銀行の計数。
（出典）　預金保険機構ホームページ（「預金保険対象金融機関数の推移」）よ
　　　り筆者作成。

は、日本銀行による"異次元の金融緩和"のおかげで、ひとまず
デフレ景気からは脱却しました。しかし、貸出金利や有価証券の
利回りも歴史的水準に低下しているのが主因ですが、一方で、金
融機関数は減っても、本章の冒頭でみたように、地方の中小企業
数はもっと減っているために、金利引下げ競争は激しさを増して
います。融資先は地元の中核企業が中心であり、限られた商圏の
なかで他行と戦うわけですから、厳しい競争となります。

　また、地域金融機関の長年の顧客企業が順調に成長しても、本
社機能を大都市へ移したり、海外進出をきっかけにメガバンクに
取引を移すことが少なくありません。

こうした要因による地元での収益減少に対応すべく、地方銀行が大都市圏（3大都市圏：東京・大阪・名古屋圏と地方中核都市圏：札幌・仙台・福岡圏）での貸出残高を増やした結果、大都市圏での貸出残高が地元を上回り、都市部と地元貸出残高の逆転現象が起きました。大都市における貸出シェアの推移をみても、地方銀行の貸出占有率は10年前の16%→22%に増加する一方で、大手行の同占有率は62%→54%へ低下しました（金融ジャーナル・2015.4月号）。地元貸出増加額の約3倍の勢いで都市部での貸出攻勢を強めたことから、地方銀行はもはやかつての「地方銀行」ではなくなりつつあります。たとえば京都銀行は、地元という枠組みを越えた「広域型地銀」を目標に掲げて預金・貸出の拡大を図っています。

◆　**メガバンクとの違い**

　Competitorである都市銀行と比較した、地域金融機関の強みとして、以下の点があげられます。
① 　最大の強みは、地元密着型であること。企業にとって地域金融機関は、創業以来、資金調達をはじめとするさまざまな相談に乗ってもらい、率直な意見交換が可能。
② 　全国展開の都市銀行とは異なり、異動があってもこれまでの担当者が遠方に転勤しないこと。必要があれば、現担当者と一緒に顧客の相談に乗ることができる。
③ 　取引先との長い信頼関係に基づいて取引判断をするため、一時の経営不振で顧客を切り捨てることはめったにない。顧客を育てる姿勢で見守ることも特徴。

④ 顧客向けの「相談センター」に専門の相談員を配置して顧客の悩みに答え、必要な場合は、専門家（弁護士・税理士等）を紹介するなど、きめ細かいケアがなされる。

◆ 地元密着ならではの優位性

地域の中小企業が地域金融機関をメインバンクに選ぶ最大の理由は、地域金融機関が文字どおり「地域」に密着して活動しているために、いつでも親身に相談に乗ってもらえると頼りにしているからです。地域社会の発展のためには、地域銀行はメガバンクよりはるかに大きな貢献をしています。地元企業とともに発展するという経営方針に基づき担当者が親身になってくれます。本部において、融資部を中心に顧客情報がしっかり管理されていることもメリットです。このため、人事異動により、担当者が何代かわっても、機微を含む取引情報が継承され、新任担当者や支店長と一から関係をつくり直す必要はありません。また、転勤も原則同一地域内の勤務なので、顧客の動向を気にかけ、必要があればケアしてもらえますし、銀行組織で出世しても若い頃の担当先をいつまでも覚えていて親身になってくれます。

地元密着は、メガバンクに比べて地元情報に強いことも意味します。地場の同業種の取引先が多いことから、本業にとって有益な情報をたくさんもっています。また、本部が地元にあることから、顧客向けの相談センターでさまざまな相談に乗ってもらえるほか、ビジネスマッチングに積極的な点も評価できます。

また、これまで地域金融機関は、取引先にM＆A案件が発生しても、自分たちで取り扱うスキルや全国規模の情報ネットワーク

がないために、メガバンクや大手証券会社等、あるいは日本M＆AセンターなどのM＆A仲介会社に業務を委託してきました。しかし、最近では地域金融機関も積極的にM＆A支援業務に本腰を入れており、中小企業の事業継承対策や成長戦略に関しても力を貸してくれます。筆者の地元でも、地銀、信用金庫によるM＆A支援が活発に行われており、京都新聞に、以下のような記事が掲載されていました。

　「京滋の金融機関が取引先のM＆A（企業の合併・買収）支援を強化している。中小企業の事業承継が課題になる中、M＆Aが有効な解決策として広がり始めているためだ。専門部署を立ち上げて、取引先の中小企業再編を提案し、事業の継続や雇用の維持につなげる狙いがある。京都銀行は地域密着型金融推進室に設置していたM＆A推進グループを格上げし、平成27年４月１日付でM＆A推進室を発足させた。人員は昨年度比２倍の11人に増やし、平成28年までの３年間で20人のM＆Aの専門知識やノウハウを持つ行員を養成する目標を揚げている。滋賀銀行も営業統括部内にあるM＆Aチームの人員を増やし支援体制を拡充している。京都中央信用金庫は『事業承継・M＆Aエキスパート』の資格者を昨年から支店長らに義務づけ、今年４月現在で250人と増やしている。京都信用金庫も取引先のニーズを踏まえて対応を強化している。これらの背景には、団塊世代の経営者が高齢化する中で後継者不足や国内市場の縮小による先行き不安に直面している状況がある。買収側にとっても事業の多角化や収益拡大に向けてM＆Aを活用する狙いがあり、大企業だけではなく、中小企業でもM＆Aへの認知度が高まって

きたという現状がある」（平成27年6月11日付朝刊）

　また、中小企業基盤整備機構の「事業承継実態調査・報告書」
（平成23年）のアンケート結果によれば、事業承継の相談相手と
して、税理士を選ぶ経営者が最も多く、特に従業員19人以下の小
規模事業者に特にその傾向が強いことがみてとれます（図表1－
3参照）。顧問税理士と地域金融機関の連携による事業承継の解
決が今後さらに増加することが予想されます。

　メガバンクの場合はシンクタンクがあり、東京に本部をもつ世
界的な監査法人や税務コンサルタントを活用して提案をしてきま
す。これに対して地域金融機関は、弁護士、税理士、公認会計
士、不動産鑑定士、司法書士、弁理士等の地元の専門家を紹介す
る場合、それぞれの得手不得手を熟知しているので、顧客企業に
最もふさわしく親身に相談にのってくれる先生を紹介することが
可能です（例外もありますが……）。

◆ 地元タッグが成果をあげる「京都方式」

　京都の場合、地元税理士と金融機関は、京都銀行、京都中央信
用金庫、京都信用金庫いずれも、地元税理士とさまざまな勉強会
を通じて日頃から太いパイプと深い関係を築いています。同様
に、経営者同士の間でもなんらかのつながりがある場合がほとん
どです。京都商工会議所、京都経済同友会、京都経営者協会と
いった経営者団体やロータリークラブ、ライオンズクラブといっ
た奉仕団体の活動を通じて、企業と地域金融機関の上層部はつな
がりを深めるわけですが、メガバンクにおいては、たとえ役員支
店長であっても2、3年くらいで転勤してしまうので、どうして

図表1－3　事業承継についての主な相談相手（従業員規模、世代別）

(単位：％)

		全　体	税理士	役員、従業員	配偶者	他社の経営者	公認会計士	取引先金融機関	弁護士
全　体		2,489	36.0	31.1	25.8	16.4	12.9	10.1	4.1
従業員規模別	4人以下	495	33.3	20.8	24.8	14.9	11.7	7.5	3.0
	5～9人	843	36.4	32.0	27.9	16.3	12.9	7.9	2.7
	10～19	519	38.9	31.2	25.6	17.0	13.3	11.9	3.3
	20～29	217	31.8	36.4	22.6	16.1	14.3	12.9	6.0
	30～49	194	40.2	41.8	25.3	16.5	11.3	17.5	6.2
	50～99	131	32.8	38.2	18.3	17.6	13.7	10.7	9.2
	100人以上	63	33.3	31.7	33.3	23.8	17.5	14.3	9.5
世代別	創業者	1,117	35.4	30.2	26.7	17.5	12.4	10.3	4.5
	2代目	847	37.2	29.6	25.9	15.8	13.8	9.0	3.3
	3代目	328	38.7	33.5	23.2	14.9	14.0	12.2	4.3
	4代目	91	39.6	33.0	24.2	17.6	12.1	12.1	3.3
	5代目以降	83	16.9	47.0	20.5	12.0	9.6	10.8	7.2

(出典)　中小企業基盤整備機構「事業承継実態調査報告書」（平成23年3月）

も人間関係は希薄になります。

　その点、役職員が地元経済界と運命共同体である金融機関が協力すれば、事業再生や地域再生の可能性は高まります。長年にわたるデフレ経済によって、多くの中小企業の経営は窮境にあり、地域経済の発展の重しになっています。しかし、京都では、京都信用保証協会が事務局を務め、府内金融機関と整理回収機構、中小企業再生支援協議会等が参加する「京都再生ネットワーク会議」による中小企業再生の協調体制（金融機関、行政、保証協会のリスク分担による協調融資やモニタリングによる倒産回避等）によっ

第1章　先細りする顧客基盤　15

て多くの企業が再生を果たし、「京都方式」として全国的に有名になっています。

◆ 地域創生と地域金融機関の役割

中小企業が元気になれば地域経済も活性化します。平成24年12月に発足した安倍政権は、地域の人口減少に歯止めをかけ、首都圏への人口集中を是正し、地方の自立的な活性化を促すための取組み、すなわち「地域創生」を重要な政策目標に掲げ、現在、自治体ごとに地域の実情に応じた課題解決のために戦略を策定しています。

この政策を受け、地域金融機関と連携する自治体が増加し、町おこしにつながる融資の仕組みや、セミナー、研修会の開催などの具体的な取組みが盛んに検討されています。それに加え、今年に入ってから、40を超える地域金融機関では専門部署が設置されました。平成27年5月6日付の京都新聞には、「地域創生―地銀が一役」と題して地方銀行の取組み例が紹介されています（図表1-4参照）。

また、京都においては、地元商店街のクレジットカード取扱いに関する関係者の連携も地方創生に向けた試みとして注目されています。京都には古くからある商店街がたくさんあります。個々の会社がクレジットカードで商品を販売する場合、手数料や資金繰り、クレジット処理端末の設置等さまざまな負担を負わなければなりませんでした。そこで、地元商店街の加盟店と地域金融機関、クレジットカード会社が共同で顧客サービスを提供するカード処理・管理会社を設立し、決済を一括処理することでこれらの

図表1-4　地方銀行による「地方創生」の取組み例

銀行名	専門部署	内　容
池田泉州銀行	地域創生室	大阪府の2市と連携し、低利の住宅ローン商品を発売
滋賀銀行	地域振興室	特産品の販路の拡大などを支援するファンドを設立
紀陽銀行	地方創生推進プロジェクトチーム	和歌山市と産業振興の協定を締結
鳥取銀行	ふるさと振興部	農林漁業者を対象に「6次産業化」セミナー開催

(出典)「京都新聞」(平成27年5月6日付)

種々の問題を解決できました。

　この件では、地元大学院のマーケティング専門の教授から指導を受けるなど、専門分野からのアドバイスを受けたことも成功の大きな要因でした。立ち上げた後も、私鉄との提携により、観光客への便宜を図ったり、インターネット通販の自主運営を開始するなど活動を多方面に広げています。

　いうまでもなく、これら地域金融機関の強みは、メガバンクの弱みの裏返しです。異動によりせっかく築いた関係が持続しにくく、また、専門的で高度なサービスを提供できるという本社機能も、東京に集中しているため、地方の企業には簡単に活用することはできません。

　何よりも、地元企業の事業再生案件についてあまりにもドライな対応が目につきます。1つ身近に起こった例をあげますと、京都のある老舗企業は、業績好調で一時は株式公開を目指していま

した。それまで長年地域の金融機関としか取引のなかったメガバンクはこの企業に食い込み、融資はもちろん、グループの証券会社やコンサルティング会社を紹介するなどして、多額の手数料を受け取っていました。それがリーマンショックで業況が悪化し、上場申請も取り下げると態度を一変させ、債権の回収に走りました。まさに「晴れの日に傘を貸し、雨の日に取り上げる」というたとえどおりの変わり身に地元の経済界は唖然としたものです。

　日本の金融機関は、保有する資産（貸出債権や債券、企業の株式）に対して一定割合以上の自己資本をもつことが義務づけられています。この自己資本規制は、国内だけで活動する金融機関に適用される国内基準と、海外でも活動する金融機関向けの国際統一基準に分けられ、後者のほうが厳しい内容となっています。国際統一基準行のなかでも規模が大きく、業務が複雑多岐にわたる銀行は、「世界の金融システムの安定にとって重要な銀行」という意味で、「G-SIBs（ジー・シブズ）」と呼ばれ、さらに厳しい自己資本を積むことを義務づけられています。世界の29行がG-SIBsに選定（平成27年11月時点）され、日本の３メガバンクも含まれています。リーマンショック後、３メガバンクは相次いで大型増資を行い、ここ何年かの増益も手伝って、最近の決算では余裕をもって G-SIBs 向けの自己資本比率基準をクリアしています。しかし、常に厳しい規制を意識した経営を強いられていることは間違いなく、経済情勢が悪化したときに、かつて批判を浴びた「貸渋り・貸剥がし」が起こる懸念はぬぐえません。

　一方、こうしたメガバンクに地域金融機関がかなわない弱点とは、どのような点でしょうか。

18　I　地域金融機関と会計人

① メガバンクには、多くの優秀な人材が集まっているので、テーマごとに専門分野の知識がある人材が集まってプロジェクトチームを結成して、課題解決にあたることができる。この弱みに対して、地銀は自身でメガバンク並みの専門性を備えるのはむずかしいため、各専門家のアドバイスも受けるように努める。

② メガバンクには、多くの人や案件が集まるので、顧客のニーズにあった有効なデータを提供できる。これに対して、地銀の連携によって、各行データを集約する。

③ メガバンクには優秀な人材が集まるので、切磋琢磨して成長していく教育効果を得る機会がたくさんある。地域金融機関は、行内だけではなく、外部に若手を派遣して人材育成に努める。

④ メガバンクには、シンクタンクがあり、全国レベルの統計資料を有する一方で、大手会計事務所との連携で高度専門サービスを提供している。地域金融機関は地元会計事務所のなかでも高度な専門サービスを提供できるところと共同提案をする。

◆ 地域金融機関の再編が地元に及ぼす影響

こうした単独での業務の高度化や規模の拡大に限界を感じた金融機関の究極の一手が、他行との経営統合です。それまでの金融危機において、都銀や第二地銀に比べて統合機運が薄かった地銀界では、平成26年から再編の動きが活発になってきました。平成26年10月の八千代銀行と東京都民銀行の持株会社方式による統合に続いて、平成27年10月に肥後銀行と鹿児島銀行が統合、平成28

年4月には横浜銀行と東日本銀行、同年10月には常陽銀行と足利銀行の経営統合が予定されています。それぞれ地方の名門地銀であり、地域金融機関を取り巻く環境変化が重大局面を迎えていることを感じさせます。

金融再編が進むにつれて、地域金融機関と会計人の間の協力関係を従来以上に強固にすることが求められます。また、再編に伴い、取引先の正確な決算情報を把握し、会社顧問の税理士や会計士とより密接な関係を築くことが必要になってきます。特に後述する認定経営革新等支援機関の資格をもっているかどうか、確認することも重要です。月次試算表が遅れがちな会計事務所に対しては即刻改善してもらうように働きかけ、必要性を感じる取引先へは、銀行から積極的に経営計画（未来戦略的な会計情報）を作成するよう依頼することも大切です。

◆ 個人顧客資産の大都市への流出を防ぐ

ここまでは主に中小企業顧客について考えてきましたが、実は個人、特に地方の資産家も、地域金融機関および会計人にとって重要な顧客です。そして中小企業の事業承継と同様、資産家顧客の高齢化により、相続が大きなテーマになっています。地元で同居していた家族がすべて相続するのであれば、地域金融機関も会計人も先代との関係を円滑に引き継いでもらうことに力を注げばいいのかもしれません。しかし、大都市に住む子どもたちは、相続した財産を自身の口座があるメガバンクや信託銀行に移してしまうかもしれません。つまり、相続が発生するたびに、地域金融機関の預金が流出してしまうおそれがあるわけです。これを防ぐ

ためには、日頃から顧客の財産管理や相続についての相談に乗るとともに、その関係を次世代顧客につないでもらう工夫が必要になります。たとえば、平成27年度税制改正において創設された「教育資金及び結婚・子育て資金の一括贈与に係る贈与税の非課税措置」（288〜293頁参照）を活用しながら、長期間のライフプランを提案することが有効です。地元の金融機関と会計人が連携をとりながら、顧客の資金全体を管理するように囲い込んでいく必要があります。

会計人の強みと課題

◆ 会計人とは

本書でいう会計人とは、税理士・公認会計士の総称ですが、主に税理士によって営まれる会計事務所を指します。

税理士になるためには、さまざまな方法があります。①一般の税理士試験を受験し、会計学2科目と税法3科目を合格してなる方法。②大学院終了後、一部の科目が免除されて、一般受験をする方法。③国税OB職員の場合は、15年勤務で一部免除、23年で受験免除になります。④弁護士・公認会計士の場合は、税理士登録をすれば、税理士として業務を行うことができます。

一方、公認会計士になるには、短答式試験、論文式試験を合格後に実務経験2年を経て、修了試験に合格することが条件です。公認会計士の業務内容としては、監査および会計の専門家として、依頼人から独立した立場で「監査証明」を出すことが主な業

第1章　先細りする顧客基盤　21

務で、「会計」「税務」「コンサルティング」の業務も行います。

　①監査とは、企業・学校法人・公益法人等へ独立した立場から監査意見を表明し、財務諸表の信頼性を担保することです。②税理士業務は、税理士登録をした公認会計士だけが行うことができます。③コンサルティング業務としては、経営戦略の立案・組織再編等、経営全般に関する相談や助言を行うことをいいます。

　平成26年3月末時点で、税理士登録者数は約7万4,000人で、うち開業税理士が約6万人となっています。一方、公認会計士は約3万4,000人（外国公認会計士・監査法人・準会員を含む）が公認会計士協会に登録しています（図表1－5、図表1－6、図表1－7参照）。

　次に日本経済の成長とともに歩んできた会計人の役割の変遷を概観してみましょう。

①　規模別分類

　前述のとおり、現在、開業している税理士は約6万人を数えます。これらが開設している会計事務所数は約28,000事務所と推計されますが、所属する税理士の数や事業地域の範囲によって次の5段階に分類されます。

a）　超大型……全国展開する監査法人系等。

b）　大　型……50人超。各県に複数存在する。

c）　中　型…… 20〜50人。税務以外に経営コンサルタント業務にも従事。

d）　中小型……20人以下。数人の税理士・ベテラン社員を採用。

e）　小規模…… 5人以下。所長自らがすべてを担当。アシスタントを置く。

図表 1 - 5 税理士登録者・税理士法人届出数（平成26年 3 月末日現在）

(単位：人、％)

	登録者数	開業税理士	開業率	社員税理士	補助税理士		税理士法人	
					開業	法人	本店	支店
東京	21,405	16,219	76	2,173	1,113	1,900	851	268
東京地方	4,730	3,932	83	444	270	84	169	89
千葉県	2,453	2,161	88	177	83	32	69	45
関東信越	7,274	5,897	81	764	461	152	298	146
近畿	14,108	11,363	81	1,090	1,139	516	423	177
北海道	1,926	1,445	75	304	110	67	112	69
東北	2,560	2,182	85	239	110	29	85	59
名古屋	4,376	3,221	74	508	393	254	199	90
東海	4,291	3,370	79	415	432	74	160	97
北陸	1,350	1,018	75	190	111	31	76	34
中国	3,007	2,489	83	237	224	57	88	45
四国	1,568	1,279	82	142	116	31	51	30
九州北部	3,059	2,452	80	255	256	96	97	63
南九州	2,023	1,740	86	139	123	21	57	31
沖縄	371	307	83	36	22	6	13	12
計	74,501	59,075	79	7,113	4,963	3,350	2,748	1,255

(出典) 国税庁ホームページより筆者作成。

　このうち、d）・e）の事務所規模が全国平均の事務所の98％以上を占めていると推定されます。

　a）・b）、c）とd）、e）を比較すると、大規模事務所と小規模事務所はそれぞれ図表 1 - 8 のような長所と短所があります。あくまでも職員数による目安であり、業務特化（特に医療特化）または記帳代行・給与計算受託機能を併せ持つ事務所は大規

図表1－6　公認会計士の地域別会員数・純会員数（平成26年12月31日）

(単位：人)

| 地域会 | 会員 | | | | 準会員 | 合計 | 未入会会計士補 |
	公認会計士	外国公認会計士	監査法人	計	計		
北　海　道	330	0	7	337	57	394	4
東　　　北	356	0	2	358	62	420	3
東　　　京	17,100	3	139	17,242	4,170	21,412	211
神　奈　川	1,286	0	2	1,288	326	1,614	44
東　　　海	1,869	0	12	1,881	354	2,235	28
北　　　陸	259	0	1	260	48	308	3
京都滋賀	572	0	8	580	154	734	13
近　　　畿	3,284	0	31	3,315	733	4,048	51
兵　　　庫	655	0	2	657	142	799	13
中　　　国	397	0	4	401	75	476	4
四　　　国	201	0	4	205	33	238	4
北部九州	641	0	4	645	136	781	13
南　九　州	192	0	3	195	28	223	4
沖　　　縄	62	0	1	63	3	66	1
地域会に属しない	0	0	0	0	229	229	0
合　　　計	27,204	3	220	27,427	6,550	33,977	396

(出典)　日本公認会計士協会ホームページより筆者作成。

　模化する傾向があります。有資格者（公認会計士・税理士・社会保険労務士等）の数を確認することで、実質的人数を把握することも必要だと考えられます。

図表1−7　税理士登録者数の推移

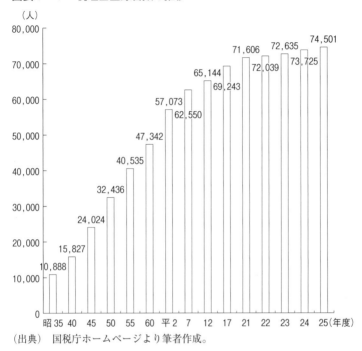

（出典）　国税庁ホームページより筆者作成。

②　得意分野別分類

次に得意とする分野で税理士を私見から分類すると、図表1−9のようになります。銀行としては税理士の得意分野を意識しながら関係を保つ必要があります。特に②・③・⑤を得意とする会計事務所については、情報の共有により、顧客の要望に応えていくチャンスがあります。

図表1－8　大規模事務所と小規模事務所の長所・短所

	長　　所	短　　所
大規模	・ワンストップサービス ・顧客のニーズに幅広く対応 ・職員の教育により顧客別に担当者の適材適所の配置が可能 ・有効なネットワークを構築	・担当者の経験・能力不足によるサービスの低下 ・任せきり（放任）により顧客の数が増えすぎ、顧客の顔がみえなくなり、サービス不足
小規模	・所長（またはベテラン社員）が担当しすべて把握 ・顧客とフェイストゥフェイスのつきあいが可能 ・長いつきあいが可能	・時間不足のため、突発的相談に応じられないことが多い ・少人数のため職員教育に手が回らない

◆ 税理士業界の課題

① 増え続ける税理士登録者数

　図表1－10は、税理士試験の合格者と登録者数の推移を示したものです。このように税理士の数が増加した背景には、国税庁の職員が退職後に次々と税理士事務所を開設していったことがあります。国税庁に23年以上勤務し、一定の条件を満たした国税庁OBは、無試験で税理士になることができます。また、公認会計士の参入、すなわち監査法人からの転職組も増加しています。さらに、司法改革を背景に増えすぎた弁護士からの参入も今後増加する見込みです。

② 顧客である企業数の減少が続く

　他方、税理士の主要顧客である中小企業のマーケットはどんど

26　Ⅰ　地域金融機関と会計人

図表1－9　税理士の得意分野別分類

①法人税に強い	最もベーシックな事務所で、適正な節税処理に強みを発揮。毎年の税制改正にも詳しい。
②資産税に強い	税務否認されたときのリスクが高いため、高額な報酬を請求される場合もある。平成27年の相続の基礎控除引下げにより、納税者の増加が見込まれ、新規参入が多い。
③経営コンサル機能を売り	認定支援機関を売り物にし、経営改善計画づくりをメインとする。税務とは切り離し、経営計画書作成業務に強く、未来会計を推進。
④低料金を売り	インターネットの発達により、低料金を売りにする若手税理士が台頭。年間100件以上のクライアントを獲得している事務所も存在。品質に問題が多く、税務調査のつど、顧客の移動が激しいので注意を要する。1人当りの担当件数が多く、会社の数字をほとんど把握していない場合も見受けられる。
⑤事業承継・M&Aに強い	後継者難・先行き不透明により、事業承継に悩む会社（中小企業全体の3分の2強）に特化したサービスを展開。著名なところとして日本M&A協会に加盟して積極的に業務を展開している事務所（全国に約600会計事務所）。
⑥税務調査に強いことを売り	特に税務署OBの先生にこの傾向が強い。単に税務署よりの経理処理で調査をクリアすることもあり、要注意。ただし、税務署との関係を良好に保つメリットもある。
⑦業種特化型	代表的なところでは、医療・介護・福祉に特化しているメディカル・マネジメントプランニング・グループ（MMPG）。全国の大型会計事務所も参画するなか、100以上の会計事務所が加盟し、医療機関の10〜15%くらいの市場をシェアしているといわれている。

図表1-10 増え続ける税理士登録者数

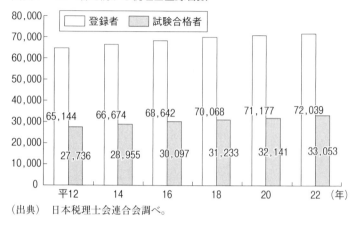

(出典) 日本税理士会連合会調べ。

ん縮小しています。昭和60年代に入ったあたりから、開業率が廃業率を下回る状況が続いています（図表1-11参照）。供給（税理士の数）が増え続けているのにマーケットがどんどん萎んでいるので、過当競争が深刻化しています。結果新規参入者が中心となって低価格路線を打ち出し、インターネットで料金表を公開する事務所も増加しており、顧問料の価格破壊が起きています。

③ 若手にチャンス到来

中小企業の経営者のいちばんの相談相手はいつも身近にいて、財産の中身や経営の実態がわかっている税理士です。経営者の望みが何であるか、資金繰りなのか経営の改善なのか、そこに焦点をあて経営者と一緒になって考え、行動に移していくことが大切です。

マーケットは縮小していますが、個人の相続や中小企業の事業承継のニーズは当面、根強いものがあります。そこに特化してい

図表1−11　昭和60年代から開業率が廃業率を下回る状況が続く

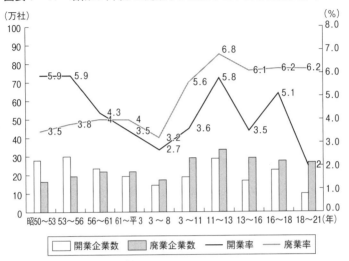

(出典)　帝国データバンク調べ。

る税理士・税理士法人が増えていますが、今後は新規分野の開拓も求められます。たとえば、急増している介護事業者には経営のノウハウはないといわれています。そういった分野に特化することで特徴を出し、業務を伸ばしていくことも予想されます。

　平成14年に広告規制が緩和され、税理士を取り巻く環境は大きく変わりました。長引く不況、供給過多による価格破壊、情報化の進展など、顧客のニーズも多様化しています。税理士は全体の約半分が60歳以上、平均年齢も60歳を超えています。なかには、あと5年、長くても10年で引退するまでなんとか無難に過ごせればいいと考えている人も少なくありません。しかし、やる気のある経営者、特に若い経営者のなかには新しい提案をしてくれない

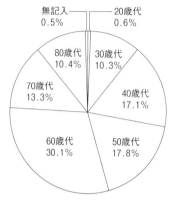

図表1-12 税理士の年齢別構成比

(出典) 日本税理士会連合会「第6回税理士実態調査報告書」

旧態依然とした仕事ぶりの税理士への不満が高まっています。

　50〜60歳代の経営者はいまの税理士に不満があっても替えようとはしない。だが、若い経営者や2代目は、替えることへの抵抗が少ないといわれています。顧客目線、サービス業としての自覚があまりない業界だけに、ともすればやる気さえあれば新たに選ばれるチャンスはおおいにあります（図表1-12参照）。

　④　会計事務所交代の典型的な10ケース

　市場の需要の割に税理士資格者の数が多く、仕事の取合いと価格競争が激しくなり、最近では、会計事務所を変更するケースが増加しています。典型的な例をあげてみます。

a）　会計事務所に問題があり、税務調査の対応が不十分だったり、過失によって企業側に追徴税額等が課される場合。

b）　担当者が頻繁にかわり、サービスレベルが低下した場合

や、所長が所員に丸投げするスタイルにもかかわらず、担当者が基本的な数値を把握していないと感じられた場合。

c） 会計事務所の担当者がめったに会社に顔を出さず、顧問料が割高と感じられる場合、もしくは、所長（担当者も含めて）が多忙すぎて連絡をとれないことがしばしばあり、顧問料に見合った役務提供がなされていない場合。

d） 会計事務所に当事者意識が欠如しており、親身になって相談に乗ってくれなかったり、相談や質問に対して迅速な対応がなされない場合。その原因として、能力不足、意欲不足の両面がある。

e） 社長の交代にあたり、新社長が先代からの年配の税理士を煙たがり同世代の税理士に替える場合。

f） 金融機関との交渉にあたり、会計事務所が数字を把握しておらず、主張に説得力がないと感じられた場合。企業の成長戦略についていけない場合（たとえば組織再編について無知）。

g） 提案がまったくない。たとえば顧問会計事務所に事業承継について相談しても何のアドバイスもしてくれない一方で、メガバンクが超大型会計事務所と一緒に事業承継スキーム（組織再編や納税猶予の特例）を紹介するケース。この場合、税理士の交代とあわせて、メインバンクも地域金融機関からそのメガバンクに交代するケースもままある。

h） 会計事務所の所長の突然の死亡による場合。事前に税理士法人をつくり、組織的な顧問関係を築いておかなければ、顧客は離散することになる。

i） 会計事務所の税理士職員が独立する際に、担当会社を引き

第1章　先細りする顧客基盤　31

継ぐとき（円満な場合とそうでない場合の両ケースあり）。また、会計事務所の職員が、税理士の名義を借りて偽税理士として活動している場合（税理士法違反）。

j）　企業側の納税意識が低い場合。税務処理について無理難題を要求したり、税務調査のつど会計事務所を変更する悪質なケースもある（筆者も数回経験している）。

⑤　税理士法人の創設と事業継承問題

会計事務所は個人で開業する場合、「税理士事務所」を名乗りますが、2名以上税理士がいると「税理士法人」にすることができます。

税理士法人は、平成13年の税理士法改正によって設立が可能になりました。税理士法人にするメリットは、会計事務所の事業承継がスムーズになることがあげられます。税理士事務所の場合、唯一の税理士である所長が突然死亡して事務所に有資格者がいなくなれば、顧客は事務所から離散することになります。この場合、同業者たちが当該顧客を奪い合うなど、醜い争いが起こることも珍しくありません。もちろん、顧客によっては資料を会計事務所に預け放しのこともあり、混乱を避けられません。

このようなことを防ぐために、今後税理士法人が増加することが予想されます。

会計事務所の場合、税理士1人につき1カ所しか事務所を設けることができませんが、税理士法人の場合は、各支店に社員税理士を置けば支店を設けることできます。また、税理士法人になれば、他の事務所や税理士法人との合併（M&A）もしやすくなります。

◆ 成長する会計事務所の特徴

　企業にとっても会計事務所にとっても厳しい状況には変わりませんが、時代の流れとニーズを的確にとらえ、顧客志向に立てば、成長する余地はまだまだあります。成長する会計事務所の特徴として以下の点があげられます。

① 　勉強熱心であること……毎年変わる税制に対応し、日頃から研鑽し、税理士会や公認会計士協会、さらには東京を中心とするさまざまな研修団体において積極的に研修を受けている。

② 　所長の事務所経営方針が明確であること……会計事務所としての経営理念を確立されている。事務所経営の目的と存在意義は何か、地域社会へどのように貢献しているのかを常に意識しながら事務所経営を行っている。

③ 　職員教育を徹底的に行っている……所長だけが研究熱心になっているのではなく、職員にも十分な研修の機会を与えているかが重要。

④ 　クライアントとの日頃の親密なコミュニケーションを図っている……顧客のニーズを把握するためには、日頃からのコミュニケーションが不可欠であり、言われてから動くのではなく、提案型事務所を目指す必要がある。

⑤ 　クイックレスポンスに徹する……会計事務所は顧客の「お悩み解決」が職業であり、顧客から相談や質問を受けたときには即答、もしくはすぐに検討してから返答することが大切である。いつまでもなしのつぶてでは、二度と質問をしてくれなくなり、信頼を失うことになる。

⑥　過去会計より「未来会計」に特化している……先行き不透明な時代であり、社長は過去の数字よりも、将来どのようになるかの情報を求めている。そのためには、経営計画づくりが重要で、「未来会計」を推し進めている。

⑦　事前対策重視型を事務所の特徴としている……事業承継については、中長期の計画に沿って、対策を練る必要がある。税務調査においては、顧客の不安を解消するために、模擬税務調査の実施をすることにより、安心感を与えます。相続については、事前に節税・分割・納税対策をしっかり行う。

⑧　外部専門家とのネットワークがしっかりしている……税理士は経営に関する相談は何でも受ける。たとえば法律に関する問題の場合、弁護士を紹介することになるが、その際、特に専門分野（会社法・再生・倒産・相続・不動産・労働問題・知的財産・海外問題・コンプライアンス等）に強い弁護士を把握していて、使い分けることが肝心。

◆ 新しい会計人の役割

会計人が目指す方向性を考えるうえで、現在進行中の2つの試みを紹介します。

①　認定支援機関制度

金融円滑化法後の対策として、平成24年に提示された「政策パッケージ」のなかで一定規模以上の企業3万社の再生は、メインバンク等が担い、その下のランク1万社は中小企業再生支援協議会が幅広く支援することとされました。

認定支援機関の支援対象企業としては、年商3億円以下の2万

社が想定されています。この2万社に対する融資はほとんどが保証協会付きの融資なので、金融機関はあまり熱心に経営改善計画に取り組んでこなかったという背景があります。各保証協会自体も人員不足のために膨大な企業数をカバーすることは不可能です。そこで、この2万社を支援する役目を税理士・公認会計士に担ってもらうために創設されたのが、経営力強化支援法に基づく認定経営革新等支援機関制度です（図表1-13、図表1-14参照）。

もともと顧問税理士は、顧客企業の月次巡回監査を行うことで、その財務内容の詳細まで熟知しています。会社が融資の申込みを決断するときには、必ず顧問税理士に相談をされるはずです。一方、取引銀行にすれば、融資には慎重で、会社側の話を鵜呑みにして、改善計画を作成することはありません。このとき、中小企業顧客の最大の理解者である、顧問税理士と銀行が一体となって経営改善計画策定支援事業に取り組めば、よりスムーズに再生に向けて進み始めます。かつては、顧問税理士は作成した計画を金融機関に提出しても、なかなか了解されないケースがありましたが、いまは金融機関も保証協会も前向きに検討してくれることが増えてきました。

② TKC7000プロジェクトの創設

金融機関と顧問税理士の共同関係の構築として、筆者の所属するTKC全国会では、「7000プロジェクト」と銘打って経営改善計画策定支援事業を推進しています。当事業は少し業績が振るわない赤字法人はすべて対象ですが、 TKC7000プロジェクトは、「中小企業と一生つきあうのは、顧問税理士と金融機関」という理念に基づいて、TKC会員が「認定支援機関による経営改善計

第1章　先細りする顧客基盤　35

図表1－13　認定経営革新等支援機関が提供する支援内容

1　経営革新等支援およびモニタリング支援等

① 経営の「見える化」支援

経営革新又は異分野連携新事業分野開拓（以下、経営革新等）を行おうとする中小企業・小規模事業者の財務状況、事業分野ごとの将来性、キャッシュフロー見通し、国内外の市場動向等の経営資源の内容、その他経営の状況に関する調査・分析を行います。

② 事業計画の策定支援

調査・分析の結果等に基づく中小企業・小規模事業者の経営革新等に係る事業の計画（経営改善計画、資金計画、マーケティング戦略計画等）の策定に係るきめ細やかな指導および助言を行います。

③ 事業計画の実行支援

中小企業・小規模事業者の経営革新等に係る事業の計画を円滑に実施するためのきめ細やかな指導および助言を行います。

④ モニタリング支援

経営革新等支援を実施した案件の継続的なモニタリングを行います。

⑤ 中小企業・小規模事業者への会計の定着支援

中小企業・小規模事業者が作成する計算書類等の信頼性を確保して、資金調達力の向上を促進させるため、「中小企業の会計に関する基本要領」または「中小企業の会計に関する指針」によった信頼性のある計算書類等の作成及び活用を推奨します。

2　その他経営改善等に係る支援全般

中小企業・小規模事業者の経営改善（売上増等）や創業、新事業展開、事業再生等の中小企業・小規模事業者の抱える課題全般に係る指導および助言を行います。

3　中小企業支援施策と連携した支援

中小企業等支援施策の効果の向上のため、補助金、融資制度等を活用する中小企業・小規模事業者の事業計画策定支援やフォローアップ等を行います。

（出典）　中小企業庁

36　Ⅰ　地域金融機関と会計人

図表1-14 支援機関の役割

画策定支援事業者」を活用して、関与先7,000企業の経営改善計画策定支援に取り組んでいる活動です。もっと元気な企業、より会社を強くして資金調達して成長したいという黒字企業にも使える仕組みです。企業が発展・拡大するには、資金調達が必要となります。過大投資にならず、建設的な投資判断も顧問税理士がいちばん得意とする分野といえます。

日本の中小企業の70%以上は赤字企業ですが、このプロジェクトはTKC会員事務所の顧問先を救済することだけが目的ではなく、企業が抱えている事業承継や後継者問題などの内面にも切り込んでいく手段ともなります。

顧問先からの融資を受けている銀行に対する不満は、だれに聞いてもだいたい同じです。

・担当者がころころ変わって会社の内情をよく理解してもらえない。会社の決算書の内容が読めない銀行員が多い。

・最近の銀行員は、残業禁止で早帰りを要請されるので、1企業にかかわる時間が昔に比べて大幅に少ない。

・決算書等の財務諸表は、本部へ直接送られて、支店の判断が及ぶ余地が少ない等。

金融機関にとっても、融資先の企業の実態を知る手立ては、顧問税理士以外はありません。決算書に記載されている、売掛金・在庫・償却資産の内容は税理士からの十分な説明がないと理解できません。

たしかに認定支援先に該当する企業は、財務内容が悪く、手間がかかる割に高い顧問料を請求できない付加価値の低い顧客です。しかし、経営改善計画の信憑性・透明性を金融機関に認めてもらうことができれば、金融機関から選ばれる、信頼される税理士になれるということです。他方、財務諸表の内容を十分に理解し、自ら作成することができない金融機関にとっては、信頼できる税理士とタッグを組むことで、仕事の成果につなげることが可能になります。

【コラム】 伸びる支店長

バブル全盛の時代、筆者は地元金融機関の新任支店長を対象にした週末研修（4時間×全5回）の講師を務めていました。内容はいまでいうところのFP研修であり、対個人資産家業務のカリキュラムとしては、不動産に関する税金、不動産有効活用、相続税、相続対策、個人ライフプランの考え方と顧客年代別資金需要、生命保険の効果的なアプローチ等などでした。一方、法人向けには、中小企業向けの事業承継対策、特に自社株対策（自社株評価

引下げ対策、自社株分散対策、持株会社を利用した対策）など法人税節税に関するものが中心です。当時は右肩上がりの時代でしたから、個人業務・法人業務いずれも関心は節税目的のものであり、いまから思えば、よい時代であった証拠です。

　参加する支店長は、大きく分けて次の３つに分かれているように感じました。

① 　研修に対してきわめて前向きな態度で臨み、研修で学んだことをすぐに支店に持ち帰って、店内勉強会を開いて部下と情報を共有するとともに、顧客にも積極的に提案を行う支店長

② 　講義内容の重要性は認識しているものの、実践については本部からの指示を待ち、他の支店の動向を参考にしながら行動に移す、さほど積極性が感じられない支店長

③ 　義務的に研修を受けるだけで、まったく反応を表さない支店長

　もちろん支店長のなかには、案件ごとに熟慮を重ねたうえで判断をくだす慎重な方もいますし、また、周囲との協調を大事にしなければならない場面もあります。このときの研修のテーマであったフィナンシャルプランニングは、当時はまだ緒に就いたばかりの、しかも通常業務にアドオンされ始めた業務であり、支店として顧客に提案していくか否かは支店長の判断に委ねられていました。それだけに、研修を受けたアクションは支店長の個性が如実に現れました。特に①のタイプの支店長からは、研修の後に早速相続対策のお客様の紹介があり、お客様・銀行・会計事務所の三者がいずれも有益な関係を構築できました。

　ところでバブル経済とその崩壊は、銀行の支店長のありようにも大きな影響を及ぼしました。『ザ・地銀』（KINZAI バリュー叢書）の筆者である高橋昌裕氏は、いまの支店長の中心世代である昭和60年前後に入社した行員の業務経験を次のように整理しています。

第１章　先細りする顧客基盤　39

① バブル経済の渦中で、不動産担保があれば貸出OK。

② バブルがはじけてからは回収業務が主体

③ 次の主流商品は、保証協会付融資・スコアリング融資

④ 役席になった頃には住宅ローンに注力

⑤ 最近は預り資産経営営業

　つまり、最近の地銀の支店長の多くが入行した当時は、好景気の絶頂で、お客様の懐に入り込んで営業をする必要性がありませんでした。しかし、状況が180度変わってしまった今日、中小企業経営者たちは、地方銀行の支店長や担当者には自分たちと同じ目線で生き残りをかけて一緒に取り組んでほしいと願っています。

　その際、最近筆者が気になるのは、銀行員には、一定の定量分析ができても、定性分析がまったくできないとか、経営者との会話ができない人が増えているように思えることです。筆者の知人である元銀行幹部も、「昔と違って、いまは専決事項が本部に管理されていて、支店長の権限がなく、即答できなくなってきた」ことを嘆いています。また、別の支店長経験者いわく、「リスク性商品や保険の販売などの業務が拡大する一方、コンプライアンス対応の負担が増している今日の支店運営を担える高度なマネジメント能力を備えた支店長が育っていない」と分析しています。

　支店にも規模別、地域別に特徴があり、前任支店長との性格の違いもありますが、既成概念にとらわれず判断できる、豪傑な人物が少なくなったような気がします。いまのような厳しい時代であればこそ、日常業務だけではなく、自身の性格や持ち味にあった会計事務所（27頁図表1－9参照）と連携して、顧客への資金調達・投資戦略・成長戦略等の提案業務をすることによって、成果をあげてほしいと思います。

　前掲の『ザ・地銀』は、法人営業力強化の視点で、支店長に求められる具体的な役割として、次の5つをあげています。

40　Ⅰ　地域金融機関と会計人

① 支店戦略の策定……担当地域の実態や競合動向、これまでの自支店の取引内容、およびその結果をふまえて、どのような戦略で戦っていくか支店方針を定め、部下に徹底させる。

② 営業推進の戦略策定……支店運営のうえで優先すべき重点訪問先を定め、それらの先については、経営課題を理解し、取引拡大につなげるための戦略を描く。

③ 営業活動の率先垂範……戦略遂行のため、支店長自らトップ営業を行う。重点訪問先の実権者との関係を維持強化し、実権者の問題点を探り出すなど、単なる表敬訪問だけではなく、顧客満足度を高める活動を率先垂範する。

④ 貸出先の早期予兆管理……貸出先の業界情報、貸出先自身の動向などの情報を担当者に収集させ、信用力悪化の予兆があれば、貸出先への支援や本部への相談などの、先を見越した対応を能動的に行う。

⑤ 担当者の人材育成……支店内のミーティングなど OFF−JT を通じた指導にとどまらず、同行訪問などの OJT により実践的な見本を示すことで、担当者の育成に寄与する。

　支店長間で格差がある場合、一部の優秀な支店長とその他の多くの支店長の動き方・視点の相違点を明示したうえで、優秀な支店長のノウハウを共有し汎用化していくことが大切です。また、支店長を強化するために基本的な戦略策定の方法論や、重点顧問先の選定の考え方などを研修で学ぶのも効果的ですが、さらに自支店の体制や顧客の状況などをふまえ、支店長に実際に考えさせ、行動させてから、"実地で鍛えていく"ことがより重要になります。

　いままでに、筆者たちは数百人にのぼる金融機関担当者とお会いしてきました。一般的には、積極的・能動的で提案できる人材が優秀な金融マンといえますが、具体的には、次ページにあげるような人材を指します。優秀な人材を養成し、組織的に動く仕組

第 1 章　先細りする顧客基盤　41

みをつくるのが支店長の役割であり、多彩な人材が集まる店舗は、自然と成績も伸びるものです。

伸びる支店長の条件

① 支店ごとの勉強会・セミナー・個別相談会に参加し、常に顧客ニーズを掘り起こす機会をつくり、「お客様のために」を実践していること。

② 知のネットワークがしっかりしていること……銀行員にいろいろと悩みを相談される機会がありますが、クイックリスポンスができること。多彩な専門家を紹介できるネットワークをもっていること。ただ、弁護士や税理士を紹介するだけではなく、得意分野を確立した専門家を紹介できることが必要です。そのためには、日頃から専門家についての情報を仕入れておく必要があります。

③ お客様のことがよくわかっていること……お客様がどのような業種に属し、市場規模的にみて、安定期・業務拡大期・成熟期・低迷期・復活期のどの時期にあるかを認識して、売上至上主義もしくは損益中心主義にいくのかを把握していること。

④ お客様の共通の悩みである「いかに売上げを伸ばすか」という命題に対して、有益な情報を提供し、お客様の側に立って考えられること。

⑤ 融資の話をしているが、同時に審査部の立場を考えながら提案ができること。

⑥ 数字に強いのはもちろんのこと、数字に現れないバックグラウンド読み取れる能力があること。

42　Ⅰ　地域金融機関と会計人

II

中小企業向けサービス

第 2 章

連携で広がる支援の可能性

地域金融機関と会計人は、これまで以上に連携を強化することによって、顧客である地元の中小企業の成長を助け、ひいては地域経済の活性化＝地方創生に貢献することができます。

　中小企業が地域金融機関に期待することは、円滑な資金供給、それもかつてのように担保や保証だけではなく、事業の現状や今後の成長可能性に基づく融資と助言です。ここ１、２年、金融庁はこれを「事業性評価に基づく融資」と呼んで、金融機関に実践を強く促しています。

　金融機関にしてみると、自らの業容の拡大と収益力向上のためにも積極的に中小企業融資を増やしたいところですが、不良債権問題の反省から十分な担保や保証がないとあまり貸したくない、というのが本音でしょう。一方の企業側にしてみると、せっかく技術力があるにもかかわらず担保がないと金融機関はなかなか貸してくれない、という不満をもっています。

　この両者の認識ギャップは、金融庁がリレーションシップバンキング（「リレバン」）の機能強化を打ち出した平成14、15年頃から指摘され続けてきました。

　中小企業向け融資については、支店全体もしくは、支店長の考え方や熱意によって、支援内容が大きく変わります。当事務所がかかわった事例をあげます。

　メーカーＦ社は、個人創業から順調に業績を伸ばして、法人成りし、ご子息に事業承継も円滑にすませて順風満帆でした。創業以来の深いつきあいがある地域金融機関からは、京都工場拡大のために、同業他社の救済型合併を提案されるなど、事業拡大への一途をたどっていました。

46　Ⅱ　中小企業向けサービス

ところが、リーマンショック後は、大企業からの受注が海外に流れるなどによって、業績は一気に落ち込み、工場取得資金の借入金が過大負担となり、取引金融機関の債務者区分正常先から要注意先へと一転してしまいました。

　融資実行時の前支店長は献身的な対応で、夜遅くまで経営改善計画書作成に携わってくれるなど、議論を積み重ねることができましたが、支店長転勤後は対応が一変し、親身に相談できる状況ではありませんでした。

　結局、当事務所の紹介で、京都進出を希望していた他府県企業の傘下に入り、従業員・取引先すべてを引き受けてもらい、社長は技術開発に専念するようになりましたが、この事例から筆者は、いまでも銀行は担保第一主義で、企業が有する潜在的な収益力や技術力に対する理解は、まだまだ低いとあらためて感じました。また、銀行からのビジネスマッチングなど、単なる資金供給を超えた支援の機会をもっと増やす余地はあるはずです。

　これまでも地域金融機関は、ABL（動産担保融資）や、「経営者保証に関するガイドライン」の活用を始めるなど、担保・保証に必要以上に依存しない融資に取り組んできました。しかし残念ながら金融庁は、金融機関サイドの取組みが不十分とみているようです。これにより平成27年7月の財務局会議で、地域金融機関による融資の実態などを把握するために財務局や財務事務所による企業への聞取り調査の実施が決まりました。1,000社前後が対象といわれるこの調査でどのような声が寄せられるかはまだわかりませんが、金融機関としては今後さらに事業性評価に基づく融資や企業の経営改善、生産性向上の支援に力を入れていく必要があ

第2章　連携で広がる支援の可能性　47

ります。

　なぜ、金融機関が担保や保証がなければ貸せないかというと、金融機関が中小企業の正確な財務データをはじめとする信用リスク情報を把握できていない、そもそも中小企業の経営財務運営を信用しきれない、という一種の不信感があるように考えられます。この両者の溝を埋めるためには、中小企業側には事業の実態に即した適切な事業計画の策定・実行や内部統制の構築等による信用力強化が、金融機関側には中小企業の成長力を見極める努力が求められます。

　ここに会計人の出番があります。企業の顧問として会計事務所は、決算書の信頼性はもとより、経営理念や経営目標、組織の管理体制について最も身近に知る立場にあり、日頃から経営改善に向けて助言をしています。会計事務所は、顧問先企業と地域金融機関をつなぐパイプ役として、企業の成長に不可欠である円滑な資金供給や、金融機関と協働による経営改善のお手伝いができます。

　会計事務所は、会社の創業から再生・廃業まで、すべてのライフステージにおいてお役に立てます。図表2－1は、日本公認会計士協会が作成している、中小企業向けに提供可能な業務内容をまとめたリーフレットからの抜粋です。本書でも、このライフステージに沿って、対中小企業ビジネスにおいて地域金融機関との協働が可能な支援について解説していきます。

48　Ⅱ　中小企業向けサービス

図表2-1　公認会計士による中小企業支援

1　創業支援

○事業計画や資金調達支援

　公認会計士は、これから創業する経営者、または、創業間もない会社（個人事業主を含みます）に対して、資金調達の支援を含む事業計画の策定を支援し、経営者を力強くサポートします。法人設立や資金調達等の相談に乗ります。

○記帳代行や会計システムの構築、税務への対応

　公認会計士は、記帳代行や税務申告*を効率的に行い、適時に決算が行えるよう会計システムを利用できる環境を構築します。収益管理の方法など管理会計の仕組みづくりについても貢献できます。また、税務戦略についても創業当初より関与することで、適切なアドバイスを行うことができます。

○個人保証のない融資の応援（経営者保証に関するガイドライン）

　公認会計士は、事業者の適切な決算を指導し、「経営者保証に関するガイドライン」に従い、適切な水準の保証となるよう事業者の支援を行うことで、個人保証のない融資や事業承継等を推進します。

○内部統制の構築支援

　公認会計士は、事業者や従業員の不正等を防止できるように内部統制の構築支援を行います。これにより、適切な決算ができる体制を整えます。

2　成長支援

○事業計画策定支援

　中小企業が経営改善に取り組む場合に、金融支援または保証制度活用の一環として、経営財務全般にわたる専門家としてお手伝いしています。経営者と事業戦略をともに考え、外部および内部環境を分析し、数値計画に落とし込み、事業計画を策定するお手伝いをします。業界固有の取引、原価および予算管理、財務体質の分析、グループ組織の編成等について、公正かつ専門的サービスを提供できます。

○税務戦略

第2章　連携で広がる支援の可能性　49

公認会計士は、税理士として登録することで税務の専門家としての役割も果たします。日常の税務問題のアドバイスから、M&Aや会社分割などの組織再編、事業承継、相続対策、株価評価、海外進出など、企業が成長していくなかのあらゆる面で経営者の皆様の税務戦略をサポートします。

○海外展開支援

海外経験豊富な公認会計士が、海外進出、輸出入や海外企業への委託生産などの海外展開にあたって中小企業の皆様が直面する経営課題について、財務および税務面*や、ビジネスリスクマネジメントなど幅広い観点からサポートし、海外事業で成功し利益に結びつける仕組みづくりを支援します。

○特別目的の監査

公認会計士は、利用者のニーズに応じて、特別な利用目的により作成された財務情報に対して監査を行うことが可能になりました。これにより、たとえば金融機関等の要請に応じて、棚卸資産の内訳表を対象とした監査や、キャッシュ・フロー計算書だけを対象とした監査など、利用目的に応じて監査を活用いただく機会が広がっています。

3 新たな取組みへの飛躍支援

○上場（IPO）支援

IPOのための課題把握、スケジュール立案、会計制度の構築、内部管理態勢の構築、上場申請書類の作成、上場審査への対応、決算書類の監査等、株式上場特有の準備が必要となりますが、これらのあらゆる局面で公認会計士がお役に立ちます。上場会社の監査業務は公認会計士の独占業務であり、監査業務を通じて、上場後のあるべき姿を多数承知している点に公認会計士の強みがあります。

○M&A支援

事業の拡大・効率化等を目的として他社を買収したり、あるいは自社を売却する場合、期待している効果を達成するためには、詳細な調査・分析等が必要となります。具体的には、M&A戦略やスケジュールの立案、デュー・デリジェンス、売買価格の評価

（バリュエーション）、売買交渉・実行支援等が考えられますが、これらのあらゆる局面で公認会計士がお役に立ちます。

○事業承継支援

経営者であり、かつ、大株主でもあるような中小企業の代表者が、自社をだれかに引き継ぐためには、事業承継特有の多数の問題を解決する必要があります。ご家族に事業を承継する際の相続対策をはじめ第三者に事業を承継するための現状分析やスケジュール立案、事業承継先の選定、事業承継先との交渉、株式等の譲渡、その他さまざまなアドバイス等、あらゆる局面で公認会計士がお役に立ちます。

4　企業の再生・廃業支援

○事業再生（金融機関対応支援）

多様な事業再生の手法と効果に精通した公認会計士が、重要な経営上の課題に関して原価管理や経営分析および財務・税務全般についての助言を行います[*]。債務者（再生企業）、債権者等利害関係者に対して有益な経営情報を公正な第三者の立場から提供することができます（依頼内容によっては、債務者側、債権者側等一方の立場に立ったサービスも可能です）。

○廃業支援

事業を廃業するために会社を清算したり、他の事業者等に承継させたりする場面においても、公認会計士はお役に立っています。廃業時には、経営者とそのご家族のみならず、融資金融機関、従業員または取引先等多様な利害関係者が発生することがありますが、有益な経営情報を公正な第三者の立場から提供できます（依頼内容によっては、債務者側、債権者側等一方の側に立ったサービスも可能です）。

○「経営者保証に関するガイドライン」に従った保証債務の整理

事業再生や廃業の局面において、経営者保証を含む経営責任の清算、再生・廃業後の税務申告[*]および財務全般にわたる文書の保管管理等についても専門的サービスを提供することができます。

[*]　公認会計士は税理士登録をすることにより、税理士業務を行うことができる。

（出典）　日本公認会計士協会作成のリーフレットをもとに筆者加工。

創業を支援する

創業支援の必要性

　第１章でもみたように、中小企業の数は平成24年２月時点で385万社と、平成11年比で２割、100万社もの事業者が倒産や廃業により消滅しています（図表３－１参照）。これは中小企業を顧客の基盤としている地域の金融機関および会計事務所にとっても危機的な状況を示しています。

　そうしたなか、安倍政権が策定した日本産業再興プランで、開業率が廃業率を上回るようにすることで、米国・英国レベルの開・廃業率10％台（現状約５％）を目指すという目標が打ち出されました（図表３－２参照）。

◆ 地域金融機関と会計人の連携による創業支援

　創業支援においては、成長性の高いビジネスの発掘に努め、当

図表３－１　中小企業・小規模事業者数の変化　　　　（単位：万社）

年　　度	平11年	21	24	11－24年対比		21－24年対比	
				減少数	減少率	減少数	減少率
企業数	484	420	385	99	20.5%	35	8.3%
うち小規模事業者	423	366	334	89	21.0%	32	8.7%
うち中規模企業	61	54	51	10	16.4%	3	5.6%

（出典）「2014年版中小企業白書」中小企業庁

図表3-2 開業率、廃業率の推移

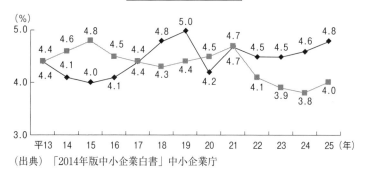

（出典）「2014年版中小企業白書」中小企業庁

図表3-3 企業の成長ステージ（イメージ）

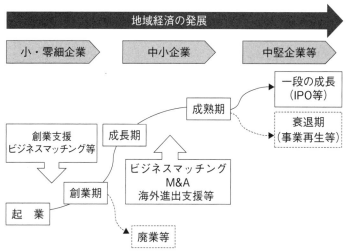

（出典） 日本銀行金融機構局金融高度化センター資料（平成27年6月）より抜粋。

図表 3 - 4　創業のステップに応じた支援

創業の ステップ	ノウハウ 知識習得	事業計画 策定	資金計画 策定	設立手続 広告宣伝	開業 販路開拓

金融機関 の支援	①創業準備	②資金調達	③開業前後

(出典)　日本銀行金融機構局金融高度化センター資料（平成27年 6 月）より
　　　　抜粋。

該ビジネスが小規模企業にとどまることなく、一気に中規模以上
に成長できるように人材育成と成長資金供給の支援態勢を強化す
ることが重要です。その際には、当該企業が有している技術力・
商品力・サービス力を生かして企業を維持できる分野、すなわち
マーケットセグメントの明確化に対する支援が必要になります
（図表 3 - 3 、図表 3 - 4 参照）。

創業の基礎知識

①　法人設立のメリットとデメリット

　創業支援でよく問題になるのが、個人事業で開業するか、それ
とも最初から法人を設立して事業を行うかどうかです。法人設立
のメリットとしては、第一に有限責任であることがあげられま
す。株式会社（有限会社を含む）は、間接有限責任制度であり、
株主（出資者）の責任は、会社に対する株式の引受価格を限度と
した出資義務だけに限られています。ただし、代表者は取引に際
し、金融機関から連帯保証を求められることが多く、この場合は

保証責任を負います。

　第二に社会的信用が高くなることです。会社は会社法をはじめとしてさまざまな法律によって規則を受け、取引先にとっても安心できる取引先ととらえられます。また、上場会社などでは、取引の相手先を法人に限るとしているのが一般的です。

　第三に従業員の採用がしやすいことです。採用される雇用者も、個人事業主よりは安定した社会的信用度が高い会社を選びます。特に福利厚生の観点からも、社会保険の加入を義務づけられている会社のほうが採用の面で有利となります。

　第四に資金調達がしやすいことがあげられます。親戚や友人から出資してもらう場合、有限責任であるため、会社が倒産した場合でも出資持分のみの損失であるため、出資してもらいやすい、というメリットがあります。また、金融機関から融資を受ける場合でも、税務申告書を提出することにより、会社の財務状態を容易に把握でき、さらに個人と会社を明確に区分され、融資を受けやすくなります。もう１つの税務上のメリットについては後述します。

　一方、法人設立にはデメリットもあります。まず、開業手続の手間と費用がかかることです。会社を設立するためには、定款の作成、設立登記、税務署等の諸官庁への法人設立届等、さまざまな手続に時間と費用がかかります。さらに、経理事務と税務申告が複雑になり、会計帳簿や決算書類の作成は個人と比べて手間がかかります。特に税務申告は複雑で、税理士に依頼する必要があるため費用もかさみます。

第3章　創業を支援する　57

②　資本金の金額の決め方

東京税理士会がまとめた「創業支援50のポイント」を参考に、資本金額の決め方を解説します。

ａ）　消費税から考える資本金

資本金を1,000万円以上とすると、初年度から消費税の課税事業者となります。免税事業者としての利点を生かすために、資本金を1,000万円未満で法人を設立するのが一般的です。平成23年度の税制改正で、基準期間だけではなく特定期間による判定が加えられています。従来は資本金を1,000万円未満として設立することで、第２期までは免税事業者となれましたが、特定期間（注）の判定により、第２期から課税事業者と判定される場合もあります。

> （注）　特定期間とは、個人の場合はその年の前年の１月１日から６月30日までの期間をいい、法人の場合、原則としてその事業年度の前事業年度開始の日以後６カ月の期間をいいます。特定期間の課税売上高と給与支払額が1,000万円を超えていなければ免税事業者と判定することができます。

ｂ）　法人税から考える資本金

法人税法では、資本金が１億円を超えると大法人と分類されます。資本金が１億円以下の法人は中小法人として以下のような優遇措置があります。

・所得金額800万円以下に対する軽減税率

・留保金課税の適用除外

・800万円までの交際費等が全額損金算入

・貸倒引当金について、一括評価債権について法定繰入率による

損金算入

・繰越欠損金の控除限度額の制限がない

・欠損金の繰戻し還付

・少額減価償却資産（30万円未満）の損金算入

c）　法人地方税から考える資本金

　法人事業税の外形標準課税制度は、資本金が1億円超の場合に適用対象になり、赤字の場合でも事業税の負担が生じます。そのため、資本金を1億円以下としているケースが多くみられます。

　結論としては、必要な設備投資および運転資金を考慮しつつ、消費税の課税免税制度が適用できるように資本金を1,000万円未満で設立することが有利です。また、増資などを行う際にも、中小企業向けの特典が受けられるかに配慮しながら、2分の1は資本準備金に組み入れるなど、資本金の額は必要以上に増加させないことも効果的です。創業の際に、1,000万円以上の資金が用意できる場合であっても、資本金を1,000万円未満で設立して、必要資金は、創業者が貸し付けるなど、資本金を大きくさせないことがポイントとなります。

③　創業時の税務のポイント

a）　開業に伴う届出

　事業を開始したら、各種届出を所轄の税務署、都道府県事務所および市町村役場に提出します（図表3－5、図表3－6参照）。

b）　消　費　税

　創業時に留意すべきは開業年度の消費税の申告をするかどうかの判断です。開業当初は売上げも少なく、開業準備費用や設備投資が先行して支払う消費税の金額が多いため、消費税が還付され

第3章　創業を支援する　59

図表３－５　税務署への申請・届出書

	個　人	法　人
①　個人事業の開業等届出書法人設立届出書	開業後１カ月以内	設立後２カ月以内
②　青色申告承認申請書	開業後２カ月以内、青色申告しようとする年の３月15日まで	設立後３カ月以内、最初の事業年度終了日のいずれか早い日
③　給与支払事務所等の開設届出書	給与支払開始後１カ月以内	設立後１カ月以内
④　源泉税の納期の特例の承認に関する申請書	特例を受ける月の前月末日まで	特例を受ける月の前月末日まで
⑤　棚卸資産の評価方法の届出書	開業した年分の確定申告期限まで	第１期の確定申告提出期限まで
⑥　減価償却資産の償却方法の届出書	開業した年分の確定申告期限まで	第１期の確定申告提出期限まで
⑦　青色事業専従者給与に関する届出書	開業後２カ月以内、必要経費算入の年の３月15日まで	―

ることがあります。しかし、免税事業者のままでは還付されないので、「消費税課税事業者選択届出書」を課税期間中に税務署に提出する必要があります。課税仕入れを予測して、かつ第２期も見越してトータルで消費税の負担額を計算し、初年度の還付額が次年度の納付額を上回るようであれば、届出を提出し、還付を受けるようにアドバイスをしなければなりません。

図表3－6　青色申告の特典

	個　　人	法　　人	
①　青色申告特別控除	65万円または10万円	なし	
②　青色事業専従者給与	（要件） ・生計一親族 ・年齢15歳以上 ・6カ月以上従事 なし	白色申告でも親族への給与支払は可	
③　純損失の繰越控除（繰戻還付）	3年 （可）	③　欠損金の繰越控除（繰戻還付）	9年 （可）
④　貸倒引当金	貸金の帳簿価額の合計額の5.5%	白色申告でも可	
⑤　少額減価償却資産の即時償却	取得価額が30万円の減価償却資産を取得した場合（ただし、年間合計300万円が限度）		
⑥　特別償却税額控除	（例） ・中小企業等促進税制 ・生産性向上設備投資促進税制 ・所得拡大促進税制		

　税理士損害賠償保険の事件数の過半数近くを占めるのが消費税の届出関係で、この届出も失念されがちな傾向にあり、十分注意する必要があります。また、この届出書を提出すると原則として2年間は免税事業者に戻れないこともあらかじめ創業者に説明する必要があります。

　また、消費税については、中小企業者の事務負担を軽減するために「簡易課税制度」があります。これは課税売上高をもとに仕

第3章　創業を支援する　61

図表3－7　社会保険の概要

保険の種類		概　　要	加入対象者	保険料（平27年度）
労働保険	労災保険	従業員が業務上、または通勤時にけがや病気をした場合、療養の給付や休業補償等が行われる。	全従業員	会社が全額負担。賃金総額の 0.25 ～ 7.9％（業 種による）
	雇用保険	退職後の失業期間に基本手当等が支給されるが、在職中も育児、介護、教育訓練等に関する給付が受けられる。	労働時間が週20時間以上、かつ31日以上継続勤務予定の従業員	賃 金 総 額 の 0.85％ を 会社、0.5％ を従業員が負担
社会保険	健康保険	業務外でのけがや病気に関し、病院で保険証を提示すれば3割負担（年齢により1～2割）で治療を受けられる。出産時や死亡時にも給付あり。配偶者や子を「被扶養者」にできる。	正社員および次の条件を満たす非正規社員→2カ月超の勤務予定で、「1日または1週間の労働時間が正社員のおおむね4分の3以上」かつ「1カ月の労働日数が正社員のおおむね4分の3以上」の者※介護保険は40歳以上	保険加入時に「標準報酬月額表」によって保険料が決定され、会社と従業員が折半負担
	厚生年金保険	老齢、障害、死亡に関し、国民年金のみに加入している場合よりも手厚い給付が受けられる。		
	介護保険	将来介護が必要になったときに、原則1割負担でさまざまな介護サービスが受けられる。		標準報酬月額の1.58％ を、会社と従業員が折半負担

入控除税額を計算する制度で、次の2つの要件が必要になります。

　i　基準期間における課税売上高が5,000万円以下であること

　ii　「消費税簡易課税事業者選択届出書」を、原則として適用しようとする課税期間の開始の日の前日までに税務署に提出すること

　ただし、この簡易課税制度も2年間適用を受けた後でなければ、本則課税に戻ることはできません。簡易課税を選択すると消費税の還付を受けられないことも、あわせて創業者に説明する必要があります。

c）　社会保険の加入義務

　法人の場合、事業主や従業員の意思に関係なく、健康保険・厚生年金保険への加入が義務づけられています。また、従業員だけでなく役員も加入の対象となっているので、社会保険の適用事業所となり、すみやかに社会保険の加入手続を年金事務所に行う必要があります。

　労働保険とは、労働者災害補償保険（労災保険）と雇用保険とを総称したもので、労災保険は労働基準局、雇用保険は公共職業安定所が所掌しています。労働者を1人でも雇っていれば、原則として適用事業所となるので、事業主は加入手続を行い、労働保険料を納付しなければなりません（図表3－7参照）。

資金調達手段

①　自己資金と借入金の相違点

　自己資金とは、親からの贈与や相続で引き継いだものに加えて、給料などから税金や社会保険料などを負担した「過去の税引き後利益の蓄積」であり、借入金とは、創業してから稼ぐ予定の「将来の税引き後利益の見込額」です。つまり、借入金での資金調達は金融機関からみて、創業者が将来確実に利益を出せると見込む場合に限り可能だということです。したがって、営業実績のない新規創業者が金融機関から資金を調達するには、事業計画によって、将来確実に利益が出せることを証明する必要があります。

　ちなみに、日本政策金融公庫の「新規開業実態調査」によれば、創業資金総額に占める自己資金の割合は、平均で27％となっており、融資審査でも、約30％が1つの目安となっていることを創業予定者に周知しておく必要があります。すなわち、創業に必要な資金が1,000万円だとすると最低限300万円の自己資金が必要だということになります。

「2014年版中小企業白書」（中小企業庁によると、創業に必要な費用は全体では200万円超500万円以下が最も多く、次いで0円超50万円以下となっています。これを年齢別にみてみると、若者では0円超50万円以下が最も多く、シニアでは200万円から500万円以下が最も多くなっています。創業資金に対してどれくらいの自己資金を用意したかについては、全体では0円超50万円以下が最も多く、次いで200万円

図表3－8　起業にかかった費用

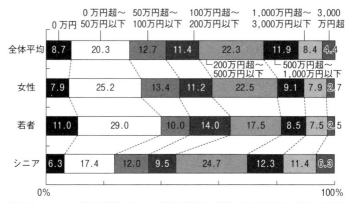

(出典)　中小企業庁委託「日本の起業環境及び潜在的起業家に関する調査」
（平成25年12月、三菱UFJリサーチ＆コンサルティング㈱)

図表3－9　起業に費やした自己資金

(出典)　中小企業庁委託「日本の起業環境及び潜在的起業家に関する調査」
（平成25年12月、三菱UFJリサーチ＆コンサルティング㈱)

図表3－10　個人保証や担保の提供

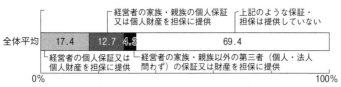

(出典)　中小企業庁委託「日本の起業環境及び潜在的起業家に関する調査」
（平成25年12月、三菱UFJリサーチ＆コンサルティング㈱)

図表3－11　資金調達方法一覧

分類	種　類	内　容	条　件	メリット	デメリット
出資	自己資金	自身のもっている資金。		経営権を保持できる。経営の自由度が高い。金利負担がない。	資金量が限られる。事業清算をした場合、自分の資産を失うことになる。
	社員持株会	社員が出資し合う。	規約が必要従業員持株会の組織・理事が必要。	従業員のモチベーションアップ。	運営が大変。株主が分散。退職時の株の現金買取り。
	他企業からの出資受入れ	株式を他企業に譲渡し出資を受け入れる。株の譲渡比率が50％を超えると経営権の譲渡に近い。	相手による。	出資元企業の協力が期待できる。	出資元に経営権を握られる。
	ベンチャーキャピタル（VC）	資本と引き換えにVCの出資を受け入れる。上場をねらうような有望な会社に限られる。	VCによるがベンチャー企業の事情を考慮した出資比率、方法であることが多い。	VCの経営アドバイス、紹介を期待できる。	経営者の保有株比率が下がる。
個人借入れ	個人での借入れ（消費者金融など）	もともと事業資金として想定していない融資の事業への流入。利息も高いた	金融機関による。	個人での信用で申し込める。	利息が高い。

分類	種類	内　容	条　件	メリット	デメリット
個人借入れ		め、避けるべき。			
	親族・知人からの借入れ	経営者の親族・知人からの借入れ。	相手による。	経営権を保持しやすい。自由な条件で契約をしやすい。	専門家の知見は得られない。身内とリスクを共有することになる。
融資	銀行	銀行による融資。創業直後はまず融資は実行されない。	銀行による。		金利負担	立ち上げ期には向かない。
	信用金庫	信用金庫による融資。銀行よりハードルは下がる。一定期間後にトライする価値はあるが、まずは制度融資。	信用金庫による。	紹介や情報提供をしてもらえるケースがある。	金利負担	・立ち上げ期の次のステージ。 ・地場密着起業にはよい。
	制度融資	民間金融機関の貸付に信用保証協会が保証を付けることで創業者は借入れしやすくなる。行政は信用保証のあっせんをしてくれる。また行政のなかには支払利息や保証料を一部負担してくれるところも	・上限3,000万円 ・金利2.1 〜 2.7% ・期間…運転資金7年以内・設備資金10年以内 ※借入金額は事業計画、自己資	・創業前でも申込みできる。 ・無担保・無保証（借入金額による）。 ※無保証とは第三者保証が不要という意味。 ・行政が支払利息、保証料の	・申込みから実行までで時間がかかる（少なくとも1カ月はみたほうがよい）。 ・支払利息とは別に保証料を負担する。	・信用保証協会…全国に52の信用保証協会 ・東京の場合、創業アシストプラザで、相談業務、公開講座、創業スクールを行っており、また、東京以外の保証協会でも相談に乗ってくれる。 ・行政…創業しようと考えた地域の行政には大概窓口相談制度があり、親身に対応してくれる。

第3章　創業を支援する　67

分類	種 類	内 容	条 件	メリット	デメリット
制度融資	ある。	金などを勘案して決まる。	・一部補助をしてくれる（行政により内容は異なる）。 ・経営相談にも乗ってくれる。		・商工会議所…地元の商工会議所に確認しましょう
融資	日本政策金融公庫	日本政策金融公庫は国民生活事業と中小企業事業があるが、創業希望者は国民生活事業の「新創業融資制度」に申込みできる。別途、「新規開業資金」制度もあるが、「新創業融資制度」よりハードルが高いのでここでは説明を割愛する。	・上限1,000万円 ・金利1.25～3.00% ・期間…原則設備資金15年以内・運転資金5年以内 ※借入金額は事業計画、自己資金などを勘案して決まる。	・創業前でも申込みできる。 ・無担保・無保証（借入金額による）。 ※無保証とは第三者保証が不要という意味 ・制度融資に比べると比較的早く結論が出る（2～3週間）。	特になし。	・日本政策金融公庫各支店の国民生活事業に申し込む。 ・必要書類はホームページからダウンロードできる。
	マル経融資	商工会議所の推薦により受けられる融資。1年以上の事業実績が必要。金利が低いため、借換えも有効。	・上限2,000万円 ・金利1.45% ※2014年東京商工会マル経融資の	・利息が低い。 ・無担保無保証。	・創業後1年経過が必要。	・通常受けられる融資のなかで最も低い水準の金利。 ・1年後にマル経融資の審査を受け借換えができるように計画する。

68　Ⅱ　中小企業向けサービス

分類	種類	内　容	条　件	メリット	デメリット
		場合。			
補助金・助成金	創業補助金	経済産業省系の補助金で、正式名は「創業促進補助金」。申請には認定支援機関の確認書が必要である。 ※認定支援機関とは、中小企業経営力強化支援法に基づき、中小企業支援で高い専門性をもつと認定された支援機関。主に金融機関、税理士、中小企業診断士などの士業、ならびに士業の団体の多くが認定されている（士業＝認定支援機関ではないので注意）。	・上限200万円 ・補助率3分の2	・創業前・創業後どちらでも申込みができる（創業時がいつかによって申請不適となるので注意）。 ・補助金なので基本的に返済不要。	・常に募集しておらず、申込期間がある。 ・採択率は直近で3割程度 ・補助金は後払いのため、つなぎ資金を用意する必要がある。 ・補助対象経費の種類は限定されている。 ・将来、収益があがった場合は補助金額を上限に返済することもある。	・中小企業基盤整備機構のホームページで「創業補助金」の次の公募があるかをチェックする。 ・士業では、中小企業診断士、税理士が明るい分野なので、知り合いがいれば、公募があったときに教えてもらえるように頼んでおくとよい。 ・公募が開始され、不明な点は、各都道府県の事務局に問合せをする。事務局は中小機構のホームページで確認する。 ・認定支援機関は申請書の作成時点から、補助期間中〜終了後もサポートしてくれるので、認定支援機関も積極的に活用するとよい。 ・認定支援機関の一覧はネットでも確認できるが、周囲の先輩企業家などから紹介を受けるとよい。また、ネット上の補助金採択者一覧には関与した認定支援機関名も掲載されている。

（出典）「創業手帳」ビズシード㈱

超500万円以下となっています（図表3－7～図表3－10参照）。また、外部からの調達をする場合については、全体の約30％が経営者の個人や家族の個人保証、あるいは個人資産を担保にして資金調達をしていることがわかります。

②　制度融資と日本政策金融公庫

実際のところ、つくったばかりの会社に不特定多数の投資家が出資するケースは少なく、銀行などから融資を受けられる可能性も高くはありません。こうした設立直後の会社でも利用しやすいのが「制度融資」と「日本政策金融公庫の融資」です。

地域金融機関等による創業支援

京都では、京都銀行と京都中央信用金庫、京都信用金庫など府内金融機関に加えて、お隣の滋賀銀行が創業支援に力を入れています。平成27年9月15日付「京都新聞」によると、京都中央信用金庫は、無担保でも可能な創業支援融資の取扱いを始めたほか、公的機関が開催する創業塾に同信金職員が出向いて、参加者からの資金調達の相談に応じているそうです。

また、京都信用金庫では、相談体制を強化した平成25年度の融資件数が前年度比3.7倍の212件に急増。26年度は同1.7倍の355件となり、27年度は500件を目指すと「京都新聞」は伝えています。同金庫が特に力を入れているのが女性起業家の支援で、女性対象の講座の立上げや先輩経営者の講演、参加者同士の交流などを通じて起業を後押ししています。

創業支援は金融機関にとってすぐに大きな収益源になるわけで

はありませんし、実績のある企業に比べてリスクが大きいのも事実です。しかし、営業地域において加速する事業所数の減少に対処するうえで、起業を支援し、将来にわたる取引先の件数を増やしていくことが喫緊の課題になっています。

京都商工会議所では、中小企業支援センターにおいて創業塾・創業支援セミナーを随時開講し、これから事業を目指す方、創業間もない方を対象に、創業に関する基礎知識のほか、事業を成功するためのノウハウ・知恵を修得することができるよう、官民あ

図表 3 −12　創業バリューアップサポートの概要

名称	チャレンジⅠ	チャレンジⅡ
派遣回数	5 回程度	6 回程度（年に 2 回程度）
派遣内容	《創業計画策定支援の実施》 　創業予定者が創業セミナー等で作成された創業計画書のブラッシュアップを行います。 ①　初回面談　　　　（1 時間） 　専門家から創業予定者へのインタビューなど ②〜④　事業計画策定支援 1 〜 3 回目（各 2 時間） 　専門家と創業予定者で打合せ ⑤　報告会　　　　（1 時間） 　創業予定者の借入希望金融機関に参加いただき、創業計画の内容を共有することができます。	《アフターフォローの実施》 　3 年間のモニタリングにより、事業が軌道に乗るようにサポートします。 ・モニタリング支援（各 2 時間）
派遣費用	保証協会が全額負担	

第 3 章　創業を支援する　71

げて創業支援を行っています。また京都信用保証協会では、創業
バリューアップサポートとして図表3−12の創業支援を行ってい
ます。

第4章

企業の成長を支援する

企業と経営者は、厳しい競争のなかで、常に持続的な成長を目指しています。急成長して急降下するよりも安定成長が望まれます。安定志向ではなく、あくまでも成長を目指したうえでの安定成長であり、ユニクロの柳井社長も「最初から安定志向で安定成長している会社はない」といっています。しかし、低成長かつ目まぐるしく変化する外部環境のなかでの安定成長は、簡単なことではありません。企業の成長を支援する立場である、地域金融機関も会計人も、どのように、その安定成長を支援できるか、そこに社会的な存在価値があると思います。そして、継続的に安定成長するためには、経営理念から始まる「コーポレートガバナンス」という会社としての仕組みが必要です。1年や2年程度の成長であれば、付け焼刃的な行動でも可能かもしれないですが、継続的な安定成長には、そのための仕組みが必要であり、経営資源に乏しい中小企業にとっては、その仕組みの導入に、地域金融機関や会計人の支援が必要不可欠と思われます。

経営者と会計人、地域金融機関の目的は同じ

　中小企業が持続的に成長するための「稼ぐ力」をつけること、地域経済を活性化させることが、経営者、地域金融機関、会計人の共通目標であることは、特段の異論はないと思います。いわゆる「WIN・WIN・WIN」の関係での共存です。国が発表した「日本再興戦略」と金融庁の「金融モニタリング基本方針」はそれぞれ、次のように述べています。

【日本再興戦略2013】

　地域金融機関が地域経済を担う企業の経営改善や事業再生・事業転換等の支援、新たな産業の振興や成長性のある企業の育成にむけ、コンサルティング機能の発揮やリスクマネーの供給に積極的に取り組むよう、地域密着型金融を促進する。

【金融モニタリング基本方針（金融庁、平成26年9月11日）】

　金融機関は、財務データや担保・保証に必要以上に依存することなく、借り手企業の事業の内容や成長可能性などを適切に評価し（「事業性評価」）、融資や助言を行い、企業や産業の成長を支援していくことが求められる。金融庁としては、この面での金融機関の経営姿勢、企業の事業性評価への取組み、企業に対し現実にいかなる対応を行っているか等につき、検証を行っていく。

　また、平成26年8月に、経済産業省より公表された「持続的成長への競争力とインセンティブ～企業と投資家の望ましい関係構築～」プロジェクト最終報告書（一橋大学の伊藤邦雄教授が座長となって取りまとめたので、「伊藤レポート」と呼ばれています）は、企業価値の向上が、急激な高齢化と人口減少に直面する日本の存立にかかわる重要課題であると強調しています。経営者はもちろんですが、地域金融機関と会計人が、中小企業の企業価値の向上

第4章　企業の成長を支援する　75

に取り組むように要請されている背景はここにもあります。

【伊藤レポート】

資本効率と企業価値の向上が日本の国富を維持・形成するための鍵

　さらに重要なのは、長期的な日本経済の国富の維持・形成の視点である。日本経済は急激な高齢化と人口減少に直面し、労働人口や貯蓄による金融資産等のストックが急速に減少する事態に向かいつつある。日本は、限りある資源や資本を浪費する余裕はないのである。国内外の資金供給者から集められる「金融資本」、経営・事業を担う人材である「人的資本」、イノベーション創出能力の源泉となる「知的資本」、サプライチェーンや社会規範等の「社会・関係資本」、環境等の「自然資本」等、さまざまな資本を有効活用しなければならない。つまり広い意味での「資本効率（Capital Efficiency）」を高めることは日本の存立に関わる重要課題である。

　このような観点から、価値創造の主たる源泉となる企業において、投資家との対話を通じて資本効率を高め、将来に向けた経済発展の基礎となるストック形成に寄与することが求められる。

地域金融機関と会計人の連携ポイント

中小企業が、安定成長するための「稼ぐ力」をつけるために

連携して支援し、地域経済、日本経済を活性化させる。

経営計画の策定支援

　中小企業の成長において、コーポレート・ガバナンス構築のために重要なツールとなるのが経営計画であり、その策定支援業務です。経営者は、短期的なことは現場リーダーに判断を任せるべきです。一方、10年も15年も先のことになると、戦略というよりは、空想といったものに近くなり、たとえ10年後が正確に予想できたとしても、変化が激しい外部環境をかんがみると、仮定や前提が大きくずれてくるはずです。よって、最も戦略が有効に力を発揮できるのは、短期でも長期でもない、その中間の中期です。ここで「中期」と呼んでいるのは、3〜5年程度です。

《ステップ1》目標値の設定

　　空想的な夢や願望でなく外部環境に照らして、「現実的」と思われる目標を設定します。後に振り返るために、この目標を「定量化」します。単価×数量、市場規模×シェアのように、できるだけ要素に分解し、積み上げます。そうすることで、外部環境に変化があった場合に、目標の再検討が容易になります。金融機関と返済計画に合意をするために、少なくとも実現しなければいけない数値が、この目標値になる場合もあります。

《ステップ2》「成行」シミュレーション

　　現在、ある事業をあるがままにやった場合に、業績を計る尺

度でみてどのようなことになるのか、というのが「成行」シミュレーションです。過去5年程度の単価、数量、市場規模、シェア等の実績の趨勢から「成行」をシミュレーションします。その仮定や前提、計算過程も明確にしておきます。

《ステップ3》コスト削減ケースの算定

　努力によって成就されると予想されるコスト削減の見通しを、具体的行動計画（アクションプラン）ごとに明らかにします。「成行」シミュレーションをベースにして、加減算して作成します。

《ステップ4》市場・売上改善ケースの算定

　努力によって成就されると予想される販売数量、粗利益率、シェア等の拡大見通しを、具体的行動計画（アクションプラン）ごとに明らかにします。「成行」シミュレーションと＋コスト削減ケースをベースにして、加減算して作成します。

《ステップ5》目標ギャップの算定

　この段階で、ステップ4とステップ1の目標値とに、明らかなギャップがある場合、それは、現時点で可能な最大限の努力をしても埋まらないギャップで、努力の限界値と目標値との差であり、戦略によってこのギャップを埋めることが、経営者にとってのチャレンジです。

《ステップ6》戦略的代替案の洗い出し

　厳密に解析的なアプローチはなく、社内でのブレーンストーンミーティングなどが有効です。代替案としてよく出てくるのは、大別すると次のようになります。①新市場への転出、②川上、川下との垂直統合、③合併、④業務提携、⑤事業分離、⑥

撤退、縮小、売却。

《ステップ7》代替案の評価、選定

　ステップ6で網羅的に洗い出した戦略的代替案を評価し、実行する価値があるものを選定します。

《ステップ8》中期経営計画

　以上のステップ1からステップ7の作業を中期経営計画に反映させます。定性的な説明と、定量的な計画の両方が必要となります。その仮定や前提、計算過程を明確にすることで、変数である外部環境等に変化があったときは、中期経営計画の変更が容易になります。

後継者が決まっている場合は、経営計画作成の主役は後継者であることが望まれます。経営計画を策定する過程で、先代とコミュニケーションをとり、バトンを渡す過程にできます。そして、経営者の交代は経営革新のチャンスでもあります。引退が近い社長は保守的になることで会社を守ろうとしてしまう傾向にあるので、経営革新は後継者にしかできない重要な仕事です。

図表4-1　経営計画を中心としたコーポレート・ガバナンスの構築

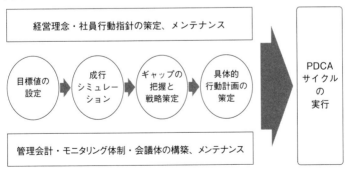

まずは経営理念を明確にする

　国が策定した日本再興戦略のもと、上場企業の規範として公表された「コーポレートガバナンス・コード」（「コーポレートガバナンス・コード」については後述します）では、「自らが担う社会的な責任についての考え方をふまえ、さまざまなステークホルダーへの価値創造に配慮した経営を行いつつ中長期的な企業価値向上を図るべきであり、こうした活動の基礎となる経営理念を策定すべきである」とされています。しかし、中小企業では、経営理念を定めていない会社や、定めていても忘れられていたり、風化しているような会社が多数派だと思います。それは、経営理念そのものが抽象的、観念的であることや、その効果を感じるのには時間を要することなどに起因すると思われます。

　しかし、従業員とあるべき方向性や価値判断の基準を共有し、社会での役割を明確にするためにも、経営理念を策定し、浸透させることが望まれます。

　経営理念に多く含まれている要素は次のものがあげられます。
・全社で共有すべき夢や課題
・地域社会に対する責任
・創業の精神
・真の顧客はだれか
・主力商品、サービスが提供する価値は何か
・事業運営の基本的考え方
・コーポレートガバナンスの基本的考え方

・何を KPI（重要業績評価指標）として事業運営していくのか

・中長期の経営目標

　また、コーポレートガバナンス・コードでは、「行動準則」を定め、取締役会が、従業員等に広く浸透、遵守させること、広く実践されているか否かについてレビューを行うことを推奨しています。

　経営理念・行動準則を浸透させるための仕組みとして次のようなものがあげられます。

・経営理念、行動準則に関する研修

・手帳サイズにまとめて配布

・会議、朝礼での読み上げ

・適切な場所への掲示

・人事評価とのリンク

　そして、経営理念・行動準則を浸透させるいちばんの方法は、経営者自らがそれを語り、意思決定や評価のときにそれを体現することです。

　P&G では、行動規範に対する違反を発見した際に、社員が匿名で報告できるシステムとして「ヘルプライン」（いわゆる内部通報制度）を独立した会社によって運営しており、年中無休で24時間いつでも利用できるそうです。

大切なのは経営計画をつくった後

　経営計画を作成するまでで、力尽きてしまう経営者や会計人が多いのも事実です。あくまで実行するための計画なので、大切な

第4章　企業の成長を支援する　81

のはそれからです。また、実行できるように、行動レベルまで落とし込んだ、具体的行動計画（アクションプラン）が必要です。

中期経営計画はコミットメントの1つであり、P（計画）D（実行）C（チェック）A（対策）サイクルを回し続ける必要があります。ユニクロの柳井社長は著書『経営者になるためのノート』（PHP研究所）で「経営というのは、あたり前のことを本当にあたり前に毎日実行する。そしてチェックをし、次の方法を考える、計画を変える。このことの繰り返しです」といっています。

コーポレートガバナンス・コードにおいても、「取締役会・経営陣幹部は、中期経営計画も株主に対するコミットメントの1つであるとの認識に立ち、その実現に向けて最善の努力を行うべきである。仮に、中期経営計画が目標未達に終わった場合には、その原因や自社が行った対応の内容を十分に分析し、株主に説明を行うとともに、その分析を次期以降の計画に反映させるべきである」とされています。

PDCAサイクルのPで力尽きてしまわないように、地域金融機関と会計人で、チェック、分析等の支援を行うこと、実行のためのプレッシャーをかけることは、会社の安定成長のために必要なことだと思います。

地域金融機関と会計人の連携ポイント

経営計画のPDCAサイクルが回り続けるように連携する。
　→会計人が財務数値を中心にチェック、分析、アドバイス
　→地域金融機関がプレッシャーをかけ、アドバイス

【コラム】参考になる経営計画作成指南書

筆者が経営者と一緒に経営計画を作成する際に、参考にする書籍の1冊が『佐藤式 先読み経営』(日本経営合理化協会出版局)です。精密部品を加工する工作機械で高いシェアをもつ、上場企業のスター精密の現役社長、佐藤肇氏が著者です。以下は書籍にある、佐藤氏の言葉です。

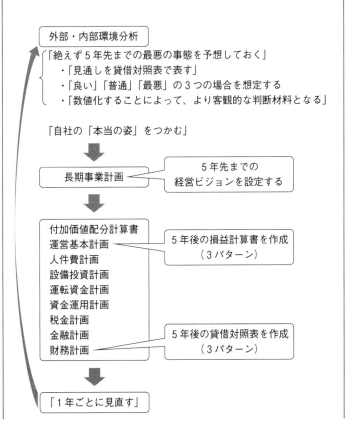

「中小企業にとって、本当に厳しい時代が来る」「このような非常事態では、とにかく売上が減っても利益が出る体質を築くこと」

「こういう厳しい時代に、中小企業の経営者に求められることは、なによりも事業の将来を的確に読むこと、そして自分の会社の貸借対照表、すなわち売上・利益ではなく資金の実態を常に頭に入れながら経営することである。売上・利益を何百億円、何千億円と上げたところで、決済日に当座預金に一円でも不足金がでれば会社は倒産するからだ」

「まずは「最悪のシナリオ」を前提に、減収しても増益する体勢、最小の資本で最大の利益を生む体勢を構築するのだ。具体的には、儲からないものをやめて、儲かる事業や商品だけに注力する。在庫を減らして、売掛金を減らして、新規採用を控えて、設備投資は借金に頼らない範囲で行う」

佐藤式先読み経営では、5年後の貸借対照表を作成します。損益計算書だけの経営計画をよくみますが、経営計画の損益計算書が常に利益が出るとは限りません。会社を潰さないために、特に資本力の乏しい中小企業であれば、5年間の貸借対照表を予想しながらの意思決定が必要になります。また、新たな投資をする場合には、貸借対照表がなければ判断がつかないことがあると思います。さらに、事業承継計画を作成する過程では、将来の貸借対照表があることで、将来の自社株の株価がシミュレーションできます。

佐藤式先読み経営では、「良い」「普通」「最悪」の3パターンの見通しをもちます。最悪を想定し、それも具体的な数字でシミュレーションし、それでも乗り切るためには何をしなければならないかを検討することが重要です。「結局、会社が潰れるときというのは、想定外の事態に打つ手がなかったということだろう。だから、最悪の場合、普通、良い場合の3つを考えておけば、すべての事態はこのレンジに収まるのだから、想定外のことがおこりようがないのである」というのが佐藤氏の言葉です。

図表4-2は、筆者が、経営者と一緒に作成した中期経営計画書からの抜粋です。ここでのポイントは「市場縮小に対応するための「ダウンサイジング数値基準」」を定めていることですが、経営計画書に記載するのは、不採算部門から撤退の意思決定が遅れることを防ぐためです。数値で撤退基準を定めることで、理屈をつけて延命することを防ぎ、意思決定の合理性を見える化します。外部環境が悪化したときに、迅速に撤退・中止の選択肢を選べるか否かは、その会社の「稼ぐ力」を左右します。えてして、GOの意思決定をした経営者は、「最後までやり遂げたい」という思いが強かったり、自身や関係者の責任を考えてしまうために、見直しの意思決定が遅れる傾向にあります。このように、経

図表4-2　市場縮小に対応するための「ダウンサイジング数値基準」

実施基準（レッドゾーン）→2年以内に撤退もしくは全面改装

基　準	該当店舗
営業利益マイナス	……

要注意基準（イエローゾーン）→2年以内にイエローゾーンを脱出するためのアクションプランを店舗責任者から社長へ提出

基　準	該当店舗
営業利益率　10%未満	……
……	……
……	……
ROA5％以下 （税引き前利益÷総資産）	……
……	……

第4章　企業の成長を支援する　85

営計画書のなかで、撤退・中止の数値基準を定め、継続的に取締役会等での議論が望まれます。また、この議論に社外取締役が入ることで、より合理性が保たれると思います。これは、後述する、コーポレートガバナンス・コードが推奨する「攻めのガバナンス」の一部です。

> **地域金融機関と会計人の連携ポイント**
>
> 中期経営計画書の作成を連携して支援する、作成を促す。

◆ 管理会計を整備する―まずは部門別・得意先別損益の把握

中小企業の経営改善の実務においては、経営判断に必要な情報・数値を経営者が把握できていないことが多くあります。経営者が経営判断に必要な数値を集計・把握する仕組みを「管理会計」といいますが、この管理会計が未整備であったり、税金計算を優先した財務会計しかない中小企業は珍しくありません。後に紹介している、「経営改善計画書の作成事例」のSWOT分析で明らかになった弱みの1つは「部門別・得意先別採算管理体制が整備されておらず、不採算部門が生じていても把握しにくい状況にある。具体的には、この管理体制の脆弱性に起因して、不採算部門であった○○部門からの撤退が遅れた」であり、この事例の会社に経営改善が必要となった窮境原因の1つでもあります。まずは、タイムリーな経営判断のための、管理会計の整備、少なくとも部門別や得意先別の損益の把握が望まれます。

部門別・得意先別の損益を把握する過程として、まずは売上げ

86　Ⅱ　中小企業向けサービス

を部門別・得意先別に把握する必要がありますが、こちらは比較的簡単です。また、売上原価も、直接的に発生している仕入れや労務費を、部門別・得意先別に集計することは、比較的容易です。一方、間接的に発生している仕入れや労務費の部門別・得意先別の集計は手数を要することとなります。本来的には、作業日報等で労働時間を把握集計し、部門別・得意先別に配賦計算をすること等が望まれますが、費用対効果を勘案し、まずは経営者や現場管理者による推定計算でスタートしてもよいと思います。ただしこの推定計算は、経営者や現場管理者が、現場の業務を詳細に把握していることが前提になります。

◆ 全員参加を目指すアメーバ経営

部門別会計の進化形として、筆者も導入支援をすることがあるのが、「アメーバ経営」のベースになる部門別採算管理（時間当り採算表）です。「アメーバ経営」の目的は主に以下があげられます。

・市場に直結したタイムリーな部門別採算管理制度の確立

・経営者意識をもつ人材の育成

・全員参加経営の実現

「アメーバ経営」とは、京セラ創業者の稲盛和夫氏が自らの経験を通じて編み出した独自の経営管理手法です。この手法が必要となった動機を、稲盛氏は講演で「経営者である私と同じように経営責任を分担してくれるような共同経営者を育成すべきと思いました。そういう人材を育成するには、会社の組織を細分化して、現場のリーダーでもみられるような小さな部門をつくり、責

任をもって経営をみてもらうべきだと考えました」と述べています。

　また、図表 4 - 3 は森田直行（KCCS マネジメントコンサルティング会長）著『全員で稼ぐ組織』に掲載されている時間当り採算表のモデルです。

　この、時間当り採算表においては、3 カ年の中期経営計画や経営方針に基づく年間のマスタープランを達成するための毎月の「予定」が策定されます。この月次「予定」と実績の差異のモニタリング、さらにその結果をふまえた行動計画の作成が毎月繰り返されます。このことについて、稲盛氏は著書で「予定を立案した後、アメーバリーダーは予定達成のため、メンバーに対して予定の内容を伝え、目標を周知徹底させなければならない。目標を周知徹底させるということは、その目標が自分たちのものになるということである。どのメンバーに聞いても、受注、生産、売上げ、時間当りなどの今月の予定が、即座に口について出てくるまで共有化すべきである。そのうえで、予定達成のための具体的なアクションプランをメンバー個人までブレークダウンし、ひとりひとりがその目標を達成することが部門の予定達成につながるのだと実感させることが大切である」と述べています。

　部門別会計をより細分化し、全員参加経営を目指すのが、アメーバ経営であり、その前提として独自の部門別会計が必要となっています。また、個人レベルの具体的行動計画（アクションプラン）にまで落とし込んだ PDCA サイクルの継続が基本です。また、各アメーバリーダーが予定と実績を報告し、質疑応答、議論をする「全社経営会議」が、モチベーションとプレッシャーを

図表 4 - 3　採算表のモデル

	予　定	実　績	差　異
総出荷（b＋c）			
社外出荷（b）			
社内売（c）			
社内買（d）	▲	▲	
総資産（a＝b＋c－d）　計	円	円	円
経費（e）　計	円	円	円
原材料費			
外注加工費			
電力費			
……			
……			
……			
……			
……			
金利・償却代			
部内共通費			
工場経費			
本社経費			
営業手数料			
差引収益（f＝a－e）　計	円	円	円
総時間（g）	時間	時間	時間
定時間			
残業時間			
部内共通時間			
当月時間当り（f／g）	円	円	円
時間当り生産高（a／g）			

（出典）　森田直行（KCCSマネジメントコンサルティング会長）著『全員で
稼ぐ組織　JALを再生させた「アメーバ経営」の教科書』日経BP社

与え、モニタリングの役割も果たしています。京セラも当初は中小企業であり、中小企業が成長するための管理会計、経営管理手法として、参考になることが多くあると思います。

◆ 先行指標 KPI との併用

管理会計の弱点としてよく指摘されるのは、管理会計が対象とする数値は過去情報であり、それを把握した時点ではもう手遅れである、ということです。経営判断や改善活動は、管理会計で兆候を把握するよりも、もっと前段階で変化を察知し、判断・行動すべきという考え方です。ここで必要になるのは、財務指標にこだわらず、経営判断や改善活動に有効な先行指標である「KPI」です。「KPI」とは、"Key Performance Indicater"の略語であり、重要業績評価指標とも訳されます。この指標は把握するだけではなく、目標設定と把握、対策を継続して実行すること、すなわちPDCAサイクルを回し続けることで価値が生まれてきます。

図表4－4は、筆者がクライアントに管理会計とKPIの関係を説明したときに作成した資料から抜粋したものです。

なお、上流の指標がよくなっているのに、下流の指標がよくなっていない場合は、上流の指標と具体的行動計画を見直す必要があります。

それから、月次決算を待たなくても把握できるKPIを設定することで、月初でモニタリングをし、タイムリーな対策・実行が可能になります。

図表 4 − 4　KPI 活用の例

		A 部門	B 部門	C 部門
		指標を向上させるための具体的行動計画が前提		
先行指標 上流	プロセス指標（非財務的指標）	顧客訪問回数	クレーム件数 返品率 提案件数	顧客満足度（アンケート）
下流 過去情報	アウトプット指標（財務的指標）	得意先別売上げ		商品別売上げ
		部門別会計		

【コラム】　経営者の経営計画策定の邪魔をするもの、それは日常業務

　図表 4 − 5 は『 7 つの習慣 最優先事項』（スティーブン・R・コヴィーほか）で紹介されている「時間管理のマトリックス」に加筆したものです。同書において、多くの人は第 1 領域にかなりの時間を費やしてしまい、次に第 3 領域に進んでしまいます。そして、第 1 領域、第 3 領域で奮闘しすぎると、第 4 領域に逃避してしまう、と書かれています。

　本来は、すべての活動を重要度の観点からみる必要があるのですが、重要な第 2 領域は、だれかにせかされるでも、法律で定められているでも、期限があるわけでもないので、後回しになってしまう傾向があります。まずは、第 2 領域に意識を向ける、具体的には、経営計画を作成し、浸透させ、経営計画に沿って会社が動き出すことで、社長を日常の業務指導から解放し、会社の将来を考える時間を生みだすことができるのではないでしょうか。

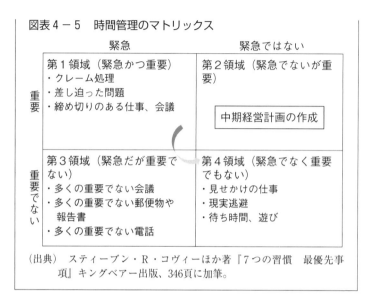

成長戦略としてのコーポレートガバナンス

◆ コーポレートガバナンス・コードの制定

「コーポレートガバナンス」とは何でしょうか。「企業統治」と和訳されていますが、さらに意訳すると、「企業の舵取り」であると思います。企業にはさまざまな関係者がいますので、「社会の公器」である企業を、社会としてよい方向に進めていこう、ということだと理解しています。そして、その企業の舵取りについての指針が、「コーポレートガバナンス・コード」です。この指針は、平成27年3月に金融庁と東京証券取引所が取りまとめた、

すべての上場企業によって尊重されることが期待されている行動規範です。なお、「コーポレートガバナンス・コード」においては、「コーポレートガバナンス」を「会社が、株主をはじめ顧客・従業員・地域社会等の立場を踏まえた上で、透明・公正かつ迅速・果断な意思決定を行うための仕組み」と定義しています。そして、その効果について「本コードは、実効的なコーポレートガバナンスの実現に資する主要な原則をとりまとめたものであり、これらが適切に実践されることは、それぞれの会社において持続的な成長と中長期的な企業価値の向上のための自発的な対応が図られることを通じて、会社、投資家、ひいては経済全体の発展にも寄与することとなるものと考えられる」としています。

　ちなみに本項の冒頭に記した「社会の公器」という言葉は、パナソニックの創業者である松下幸之助氏の言葉です。松下幸之助氏は、「企業は社会の公器である。したがって、企業は社会とともに発展していくものではければならない」といっています。

　このコードはあくまで、法的拘束力があるハードローではなくソフトロー（指針）であり、多様性を認めています。遵守しない場合だけ説明を求められます。ただし、上場会社にとっては、このコードは上場規程に組み込まれているので、遵守も説明もしない場合は、上場規程に抵触することになっており、上場会社に対する強い社会的要請を読み取ることができます。具体的には、コードにおいて、「本コードは、法令とは異なり法的拘束力を有する規範ではなく、その実施に当たっては、いわゆる「コンプライ・オア・エクスプレイン」ルールの手法を採用している。すなわち、本コードの各原則の中に、自らの個別事情に照らして実施

することが適切でないと考える原則があれば、「それを実施しない理由」を十分に説明することにより、一部の原則を実施しないことも想定している」と記載されています。

◆ **中小企業にとってのコーポレートガバナンス・コード**

ところで、コーポレートガバナンス・コードは、現時点では上場企業だけを対象にした指針です。これは上場企業が、非上場企業とは異なる特別な責任、すなわち国内外の不特定多数の投資家から資金を受け入れ、株式市場で所有権が時価で取引されているために、経営に対して高い透明性が求められるからです。

しかし、その考え方は今後、上場企業、親会社、取引先、金融機関等を通じて、中小企業にも影響を与えることが予想されます。また、中小企業も、「稼ぐ力」を向上させるためのベストプラクティスとして利用してもよいと思います。特にオーナー経営者から後継者が会社を承継し、「集団指導体制」に移行しようという中小企業にとって、参考になるプラクティスはたくさんあると思います。さらに、非上場企業の場合は、株主が特定の少数であることが多いので、株主との対話はより重要になります。何よりも、中小企業にとって上場企業は競争する相手でもあり、競争で負けないために、取り入れるべきものであれば利用すべきです。

ユニクロの柳井社長は『経営者になるためのノート』のなかで「会社は社会の役に立ってはじめて存在が認められます」といっています。上場か非上場かは、資金調達方法の違いでしかなく、非上場であっても、「社会の公器」であることに変わりはありま

図表4－6　中小企業にとってのコーポレートガバナンス改革

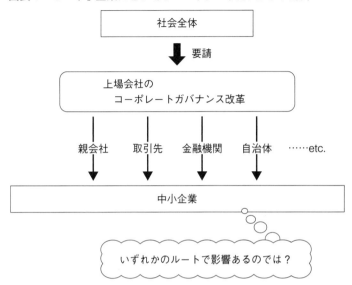

せん。時代と社会の要請で、強化が求められるコーポレートガバナンスは、上場企業だけの問題ではないのです。

　上場企業の成長戦略のための指針であるコーポレートガバナンス・コードですが、中小企業の成長戦略の指針としても、使えるものは使うべきです。コーポレートガバナンス・コードを参考にして、中小企業の成長戦略を支える、地域金融機関と会計人の役割や使命を、本書でも考えていきたいと思います（図表4－6参照）。

◆「攻めのガバナンス」とは

　今回のコーポレートガバナンス・コードで、注目を集めるよう

になったキーワードが「攻めのガバナンス」です（図表4－7参照）。

【コーポレートガバナンス・コード】

序文　本コードの目的

　会社は、株主から経営を付託された者としての責任（受託者責任）をはじめ、様々なステークホルダーに対する責務を負っていることを認識して運営されることが重要である。本コードは、こうした責務に対する説明責任を果たすことを含め会社の意思決定の透明性・公正性を担保しつつ、これを前提とした会社の迅速・果断な意思決定を促すことを通じて、いわば「攻めのガバナンス」の実現を目指すものである。本コードでは、会社におけるリスクの回避・抑制や不祥事の防止といった側面を過度に強調するのではなく、むしろ健全な企業家精神の発揮を促し、会社の持続的な成長と中長期的な企業価値の向上を図ることに主眼を置いている。

　われわれ専門家の間でも、コーポレートガバナンス・コードのなかで、「攻めのガバナンス」が登場することは予想外でした（図表4－7のスチュワードシップ・コードについては後述します）。

　ここでいう、「攻めのガバナンス」とは「会社の迅速・果断な意思決定」を促す仕組みです。さらに、コーポレートガバナンスの体制を整え意思決定のプロセスを透明化させることで、収益をねらった、よりリスクをとった果断な意思決定を行うことができると考えています。具体的には、意思決定プロセスの透明化が失

図表4-7 攻めのガバナンスとは

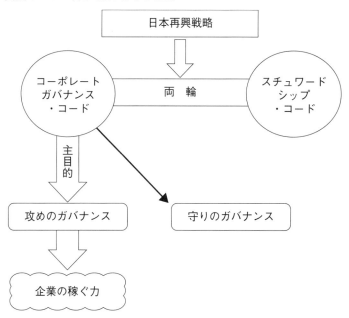

敗の原因を特定することにつながり、たとえ経営が失敗したとしても訴訟などから経営者を守ることを想定しています。

◆ 取締役会で議論することで、責任から解放される

「ビジネスジャッジメントルール」(経営判断原則)という考え方があります。これは、米国の判例法上発展してきた理論であり、「取締役が会社及び取締役の権限内において、ある決定を下した場合には、その決定の合理的な根拠があり、かつ、取締役が会社の最良の利益であると合理的に信じた事柄以外には影響を受

けずに、取締役独自の裁量と判断の結果として、当該決定を下したのであるならば、裁判所は経営内部事項には干渉しないし、裁判官の判断をもって取締役の決断に代替せしめることはない」というものです。すなわち、取締役は経営上の判断の誤りについては、会社に対し過失による責任は負わないものとし、裁判所も原則として経営上の判断の適否については干渉せず法律問題としない、というものです。しかし、取締役の経営上の判断があまりに誠実さに欠け、不法な意図に基づくものであるとき、または情報の収集に大きな誤りがあるときなどは、その判断に合理性が認められないとして損害賠償責任を負わせています。

　たとえば、新規事業の立上げや新商品開発といった積極的に打って出る場合は、十分に調査したか、資料を集めたか、それに基づいて、十分な会議など検討プロセスを経たか、そして結論が一応の合理性をもっているか、という観点から、損害賠償責任が発生するか否かの判定がされます。企業経営はリスクと隣合せなので、単純にリスク回避していれば、企業価値は向上しません。経営者の判断がリスク回避に偏らず、健全にリスクテイクすることを、コードは強く推奨しており、コードに沿って、意思決定過程の合理性を担保することで、経営者は過度の結果責任を問われることをおそれる必要がなくなります。

　具体的には、コーポレートガバナンス・コードにおいて「また、本コードを策定する大きな目的の１つは、上場会社による透明・公正かつ迅速・果断な意思決定を促すことにあるが、上場会社の意思決定のうちには、外部環境の変化その他の事情により、結果として会社に損害を生じさせることとなるものがないとは言

い切れない。その場合、経営陣・取締役が損害賠償責任を負うか否かの判断に際しては、一般的に、その意思決定の時点における意思決定過程の合理性が重要な考慮要素の１つとなるものと考えられるが、本コードには、ここでいう意思決定過程の合理性を担保することに寄与すると考えられる内容が含まれており、本コードは、上場会社の透明・公正かつ迅速・果断な意思決定を促す効果をもつこととなるものと期待している」とされています。

これまでは、取締役会は経常的な業務執行にかかわるものが中心になりがちで、中長期的な企業価値向上のための戦略的な方向性に関する検討の機会が乏しかったことは否めません。コードは、取締役会が「攻めのガバナンス」の中心になることを推奨しています。

以下が、コードが考える、取締役会による「攻めのガバナンス」です。

・会社の目指すところ（経営理念等）を確立し、戦略的な方向づけを行うことを主要な役割・責務の１つととらえ、具体的な経営戦略や経営計画等について建設的な議論を行う。

・経営陣幹部による適切なリスクテイクを支える環境整備を行う。独立した客観的な立場において多角的かつ十分な検討を行い、経営陣幹部の迅速・果断な意思決定を支援する。

そして、コードにおいては、取締役会の審議の活性化のために、以下の取扱いが推奨されています。

・取締役会の資料が、会日に先立って配布されるようにすること

・取締役会の資料以外にも、必要に応じ、会社から取締役に対して十分な情報が（適切な場合には、要点を把握しやすいように整

理・分析されたかたちで）提供されるようにすること
・年間の取締役会開催スケジュールや予想される審議事項について決定しておくこと
・審議項目数や開催頻度を適切に設定すること
・審議時間を十分に確保すること

　またコードは、取締役会をやりっぱなしではなく、機能向上のために、実効性に関する分析・評価を行うことを推奨しています。取締役会の実効性においても、PDCAサイクルの導入が望まれます。

　以下は、TDKのプレスリリースからの抜粋です。

当社取締役会の実効性の分析・評価について

　取締役会の議論についても、オープンな議論を尊重する文化が形成されていること、取締役会及び監査役それぞれが積極的に議論に参加し貢献していることを、確認しました。一方で、構造改革を終え、グローバル化を加速し成長を追及する成長戦略のもと、長期的な株主価値の向上を実現する攻めのガバナンス体制の確立のために、中長期的な経営課題・成長戦略における主要なリスク等について、取締役会で議論により時間をかける必要があること、そのような議論を可能とする体制を構築する必要があることが、明らかとなりました。

　取締役会が「攻めのガバナンス」のための役割を担っており、その確立のため、取締役会評価を実施し、問題点を認識していることがよくわかります。

100　II　中小企業向けサービス

> ### 地域金融機関と会計人の連携ポイント
>
> 「攻めのガバナンス」の仕組みの一部として連携する。中長期的な経営課題・成長戦略・経営計画についての取締役会での議論を支援する。
>
> →社外取締役、オブザーバーとして参加
>
> →議題を提起、議事録をチェック
>
> →取締役会の実効性を分析・評価

◆ 取締役会による「守りのガバナンス」

コーポレートガバナンスは、経営を委託する経営者の規律づけ、監督も重要な要素です。これは「守りのガバナンス」であり、取締役会も重要な役割を担っています。コードにおいても、「独立した客観的な立場から、経営陣（執行役およびいわゆる執行役員を含む）・取締役に対する実効性の高い監督を行うこと」が取締役会の役割・責務と定められています。特に、「ふさわしくなくなった経営者をどうやって交代させるか」「ふさわしい経営者をどうやって選ぶか」「経営者の報酬はどうするか」は重要な課題です。

経営陣幹部・取締役の報酬決定、候補者の選任、指名は社長ではなく取締役会の役割になっています。報酬決定、選任、指名を社長が単独でしてしまうと、社長に権力が集中し、社長の暴走の機会となる可能性があるので、あえて、取締役会の役割となっています。コードにも、「取締役会は、経営陣幹部の選任や解任に

第4章 企業の成長を支援する 101

ついて、会社の業績等の評価を踏まえ、公正かつ透明性の高い手続きに従い、適切に実行すべきである」とされています。そして、それらについては、情報開示をすることで、より社長の暴走に対する牽制となります。コードが定めている、主体的に行うべき情報発信は以下のとおりです。

・取締役会が経営陣幹部・取締役の報酬を決定するにあたっての方針と手続
・取締役会が経営陣幹部の選任と取締役・監査役候補の指名を行

図表4-8 取締役会の役割

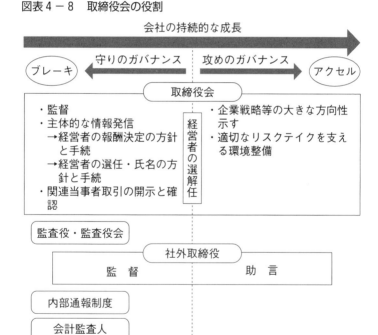

『地域金融機関と会計人の連携』訂正

本書304頁 8 行目に「統合経営グループ・平成監査法人のメンバー」とあるのは「総合経営グループ・平安監査法人のメンバー」の誤りです。
お詫びして訂正します。

平成28年 4 月 5 日（第 1 刷）
一般社団法人 金融財政事情研究会

うにあたっての方針と手続

・取締役会が上記をふまえて経営陣幹部の選任と取締役・監査役
　候補の指名を行う際の、個々の選任・指名についての説明

　さらに、「守りのガバナンス」としての取締役会の役目・責務
に、利益相反取引の監督と情報開示があります。コードにも、
「役員や主要株主等との取引（関連当事者間の取引）を行う場合に
は、そうした取引が会社や株主共同の利益を害することがないよ
う、また、そうした懸念を惹起することのないよう、取締役会
は、あらかじめ、取引の重要性やその性質に応じた適切な手続を
定めてその枠組みを開示するとともに、その手続をふまえた監視
（取引の承認を含む）を行うべきである」と定められています（図
表4－8参照）。

地域金融機関と会計人の連携ポイント

「守りのガバナンス」の仕組みの一部として連携する。取締
役会による経営者の監督を支援する。具体的には、役員報
酬、候補者の選任、関連当事者取引についての取締役会での
議論を支援する。

　　→社外取締役、オブザーバーとして参加

　　→議題を提起、議事録をチェック

　　→取締役の実効性を分析・評価

◆ スチュワードシップ・コードの役割

　コーポレートガバナンス・コードとともに、スチュワードシッ

第4章　企業の成長を支援する　103

プ・コードも政府の成長戦略の一環として策定されています。中長期の企業価値向上という共通目標に向けて、企業経営者と投資家双方が意識をあわせることが望ましいと考えられます。企業経営者が、中長期の企業価値向上に関係する適切な情報開示や機関設計などを行い、機関投資家がそれをもとに経営者と建設的な対話を行うことで、両社の間で活発な議論が行われ、企業価値向上に向けてのよいアイデアが生まれてくると期待されています。両コードが、企業価値向上に向けての車の両輪といわれるのはそのような意味からです。

　機関投資家とは、個人からお金を集め、企業として投資を行っている大口の投資家であり、保険会社や信託銀行が該当します。投資なのか預金なのかというちがいはありますが、地域金融機関も、個人から集めた預金を運用しているので、機関投資家に近い存在です。機関投資家には中長期の投資リターンを拡大する責任があり、その責任を果たすことで経済全体が成長することを、本コードは目的としています。そして、機関投資家が受託者責任を果たすための原則をコードで定めています。なお、「スチュワード」とは執事とか、財産管理人の意味で、そのコードとは人から預かったお金を責任もって運用する者の行動原則という意味です。

地域金融機関にとっての２つのコード

　地域金融機関も、地域の預金者からお金を預り、社会の公器である企業に投融資しています。それゆえ、その投融資リターンを

104　Ⅱ　中小企業向けサービス

安全に最大化する責務があります。そして、地域経済を活性化させるためには、地域の中小企業の中長期的な企業価値向上は必要不可欠なので、このコードを原則として、企業と「目的をもった対話」をすることには大きな価値があると思われます（図表4－9参照）。

さらに、金融庁は金融モニタリングを通じ、「脱財務諸表」「脱担保・保証」という方針のもと、財務よりも事業の将来性を重視した融資をするようにしているので、「目的をもった対話」には、何重もの価値と必要性があります。

そもそも中小企業は上場企業等と比較すると、資本が小さいので、金融機関からの借入れを前提に成り立っていることが多く、金融機関との良好な関係、対話は必要不可欠です。

資本性借入れや継続的な運転資金融資を受けている場合は、実質的には金融機関は株主のようなものであり、地域経済の安定成長のために、株主に近い立場でのガバナンスの発揮が望まれます。

図表4－9　地域金融機関にとってのコードの意味

第4章　企業の成長を支援する　105

> ### 地域金融機関と会計人の連携ポイント
>
> 地域金融機関の「目的をもった対話」を支援する。
> 　→財務面、経営面を会計人がアドバイス

林原の倒産とコーポレートガバナンス

　平成23年に会社更生法の適用を申請した林原グループは、社長の林原健氏と弟で専務の靖氏の2人だけが経営者であったといわれています。2人は強い信頼関係のもと、互いに役割分担しながら事業を拡大してきましたが、兄弟ならではの信頼関係が逆にあだとなり、社長が粉飾決算を知らずにいたというのが実態のようです。

　社長は研究開発を、専務は営業、財務など研究開発以外のすべてを統括しましたが、意思決定はすべて社長と専務の2人で行い、取締役会を開催したことはありませんでした。メインバンクの中国銀行から決算書に粉飾があることを知らされるまで、社長は事態の深刻さに気づいていませんでした。資金繰りはすべて弟に任せ、詳しい報告を受けることがなかったのです。

　以下は、林原健氏の著書『林原家　同族経営への警鐘』に記載されている、林原グループの調査報告書からの抜粋です。

　　「法律上は監査法人や公認会計士を置かなければならないのだが、これまで林原にそうした監査人が入ったことはない。実は、住友信託からは、社長が変わるたびに忠告を受けてきた」

106　Ⅱ　中小企業向けサービス

「林原では取締役会を開かず、社長の私が資金を自由に使っていた。その中には林原グループにとって利益をもたらすものもあれば、直接的にそうでないものもある。会社が潰れるかもしれないというリスクを冒してまで資金を使う気は毛頭なかったが、財務のことは一切関知していなかったので、歯止めがかからなかった。一方、経理担当の弟も多額の資金を使い、動かしていた。さらに、林原の財務が表面上毀損しないようにするためなのか、これらは貸付金や仮払金の形を多くとった。結果、事態は水面下でどんどん悪化してしまう。これらの資金を捻出するため、林原は長年粉飾を続けていた」

「では、私は一体、どうすればよかったのか。弟との関係でいえば、コミュニケーションを取って、根拠のない信頼感を、根拠に基づいた信頼感に変える努力をする必要があった。コミュニケーションの場となるべきたったのが、取締役会だろう。確かに同族企業では取締役会が形骸化している。しかし、意思決定の場としては取締役会の意味がないとしても、対話できる場としては必要だった」

林原グループは粉飾決算がきっかけとなり、倒産にまで至ってしまいました。これを防止するガバナンスを構築することはできなかったのでしょうか。

以下は、コーポレートガバナンス・コードに記載されている、経営者の暴走を防ぐための、いわゆる「守りのガバナンス」です。取締役会と監査役・監査役会の役割が記載されています。

・独立した客観的な立場から、経営陣（執行役およびいわゆる執行役員を含む）・取締役に対する実効性の高い監督を行うこと。

第4章　企業の成長を支援する　107

・取締役会は、経営陣・支配株主等の関連当事者と会社との間に生じうる利益相反を適切に管理すべきである。

・監査役および監査役会に期待される重要な役割・責務には、業務監査・会計監査をはじめとするいわば「守りの機能」があるが、こうした機能を含め、その役割・責務を十分に果たすためには、自らの守備範囲を過度に狭くとらえることは適切ではなく、能動的・積極的に権限を行使し、取締役会においてあるいは経営陣に対して適切に意見を述べるべきである。

　背景には、日本の中小企業のほとんどが採用している、監査役設置会社の弱点があります。監査役設置会社の場合は、執行役と取締役が一体になっているので、「本来、監督をすべき取締役が業務を執行するので、アクセルとブレーキを同一人物が両方踏んでいるようなもの」といわれています。そういった取締役を監視する存在として監査役がいます。特に、以下のような権限が監査役にあるので、これらを使って、取締役会を監視する必要があります。

・取締役に事業報告を求めることができる。

・業務や財産の状況を調査できる。

・取締役会で意見を述べる権利がある。

・不正行為があった場合は取締役会の招集を求めることができる。

・取締役の違法行為差止め請求権がある。

　それから、コードは、「本来、監督をすべき取締役が業務を執行するので、アクセルとブレーキを同一人物が両方踏んでいるようなもの」という監査役設置会社の弱点に対して、業務と一定の

距離を置く取締役の活用の検討が推奨されています。

　先ほど紹介した林原の場合は、取締役会、監査役および監査役会による「守りのガバナンス」が機能しておらず、そもそも取締役会も開催されていませんでした。利益相反する関連当事者取引の開示もなかったと思われます。監査役には上の権限があるにもかかわらず、発揮されることもありませんでした。取締役会としてだけでなく、兄弟としてのコミュニケーションも欠けていました。

　もちろん、経営者、取締役会、監査役会の責任が一義的な問題ですが、地域金融機関や会計人としてのガバナンスを発揮できなかったのか、疑問が残ります。

オーナー企業の強みと弱み

　林原の元社長は、前掲の著書のなかで、オーナー企業の強みを次のように語っています。

　「林原はあえて「大企業が手を出しにくいテーマ」を選んできた。大企業の場合は社長の任期が大体４〜６年なので、この期間内に成果が出そうな研究テーマを選ぶ傾向がある。市場調査を実施して、確実にニーズがあるかどうかも重視する。これは、サラリーマン社長で回している大企業の避けがたい宿命であり、弊害だと私は思う。林原はオンリーワン商品を数多く世に送り出してきた。他社が我々よりも先に成果を出してしまったようなときには、その研究からはすぐに手を引く。そこまでオンリーワンにこだわった」

第４章　企業の成長を支援する　109

図表 4 -10　オーナー企業の強みと弱み

強　み	弱　み
・長期的な視点で、投資等の意思決定ができる ・オーナー社長による迅速な意思決定が可能	・ガバナンスが弱いので、経営者が暴走しやすい。 ・オーナー経営者の意思決定がぶれ始めると、軌道修正のプロセスが少ない。 ・一族内で利害が対立すると、収拾がつきにくい、ビジネス外の家族間の紛争が経営を左右する。 ・一族の社員が昇進しやすいなど身びいきが横行し、一族以外の社員のモチベーションが低下してしまう。 ・候補者が限られるので、優秀な人材が経営者になるとは限らない。オーナー一族が身内に甘くなりがち。

　株価にとらわれず、長期的な視点で意思決定できるオーナー企業の特徴は、このような事業投資の場面だけでなく、従業員との関係性でも発揮されやすいといえます。オーナー企業を経営するミシュラン一族の言葉として「短期的利益に目を奪われた企業は従業員を食い物にしようとするが、長期に主眼を置く企業は、人材に投資すればするほど大きな実りを得ることになる」というものがあります。

　その他、一般的に、オーナー企業の強みと弱みとして図表4 -10のようにいわれています。

　また、伊藤レポートにも次の記載があります。

【伊藤レポート】

110　Ⅱ　中小企業向けサービス

16 前掲の過去20年でプラスリターンを生んだ200社のうち上位10社の多くはオーナー系であった。米国のS&P500社の約35％がファミリー企業、日本でも上場会社の約３割がファミリー企業であるという調査結果もある。オーナー企業は、経営者に強いモチベーションや長期視点があり、時代の変化に応じた柔軟な家訓や、金銭的報酬だけではない社内文化が社員に浸透しているとの研究もある。

17 また、グローバル競争に対応するため、創業家支援と効率的なガバナンスの下、非創業家の経営者が経営革新を断行している企業には先駆的な取り組みが見られるという指摘もなされた。

　オーナー社長やオーナー一族が暴走しやすいオーナー企業に、経営者をけん制できる適切なコーポレートガバナンスを導入し、継続して企業価値を向上することは、社会にとって大きなメリットと思われます。ガバナンスを備えたオーナー企業は、中長期的に強みを発揮すると思われます。

オーナー企業のガバナンスはオーナー次第

　大株主であり経営者であるオーナー経営者が経営するオーナー企業の場合、オーナー経営者が暴走すると、それを止めるのは容易ではありません。取締役会で社長を解任しても、株主総会で大株主の権限を使って取締役を入替えし、自分が社長に復帰することができます。コーポレートガバナンス・コードを導入するの

第４章　企業の成長を支援する　111

も、社外取締役を導入するのも、それぞれをかたちだけにするのか、魂を入れるのかも、オーナー経営者次第です。会社を自分の会社とするのか、社会の公器とするのか、それもオーナー次第です。

ただし、その会社が社会で生き残り続けるか、それを決めるのはオーナーではありません。社会がその会社を必要と認めるかどうかだと思います。もし、オーナーが会社を社会から必要と認める会社にしたいのであれば、あるいは自分がいなくなっても社会に認められる会社にしたいのであれば、まずは自分が経営する間に、そのような会社にする必要があります。そのためには、オーナー自らが自分を律する覚悟、高い使命感や倫理観が必要不可欠になると思います。

地域金融機関や会計人が、オーナー経営者に、覚悟・使命感・倫理感をうえつけることができるか、意識改革を促すことができるか、ということは不可能ではありませんが、とても高いハードルであると思います。しかし、オーナー経営者に近い立場からの大切さを伝え続けることはできるのではないでしょうか。

コーポレートガバナンスは、社会として経営者をチャレンジさせながら規律づけすることが、重要な要素です。オーナー経営者になると、規律づけする主体として、他人から自分、すなわち他律から自律の割合が大きくなります。人間は弱い生き物であり、一度、自律の決意をしてもそれを継続することは大変なことです。オーナー経営者の自律のきっかけと、自律の継続をサポートできる、信頼できる第三者の存在は重要であり、地域金融機関や会計人はその候補者になりうると思います（図表4−11参照）。

112　Ⅱ　中小企業向けサービス

図表4-11 オーナー経営者の使命

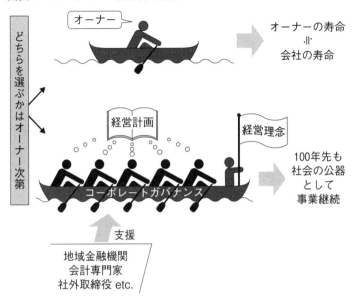

地域金融機関と会計人の連携ポイント

オーナー経営者に、覚悟・使命感・倫理感といった意識改革を促す、重要性を伝える。両者が連携することで、より説得力が増すことが期待される。

取締役会とは別に経営会議が必要か

監査役設置会社の取締役会は、業務執行する人と、その監査を

する人が両方参加しているため、自然とその議題は多くなってしまいます。会社の業務執行の決定もするし、取締役の職務執行の監督もテーマになるからです。

このため、金額の小さな案件まで取締役会に諮ることは避けるべきです。業務執行にかかわる案件はできる限り経営会議で議論し、取締役会の役割をもっと中長期の企業価値を考える戦略的な議案に絞り、取締役会を活性化させることが必要です。取締役会では、中長期的な経営課題・成長戦略・経営計画等についての本質的で深い議論が望まれます。短期的な議論を経営会議で、中長期的な議論を取締役会で議論するイメージです。

図表4－12は、キユーピーのホームページにあるコーポレートガバナンス体制の図です。経営を監視する取締役会と、業務執行の重要事項を審議する経営会議の役割分担が明確にされています。

社外取締役

社外取締役には、取締役会で、中長期的な経営課題・成長戦略・経営計画等の議論を活性化するための助言をする役割が期待されています。

特に、中小企業において社長の任期は上場企業よりも圧倒的に長く、意思決定に携わる取締役は、そのほとんどが生え抜きの社員や同族です。取締役会における議論はどうしても視野が狭いものになってしまいます。社外取締役やそれに準ずる存在が、取締役会の議論を活性化できる可能性は大きいと思われます。

図表4−12 キユーピーのコーポレートガバナンス体制

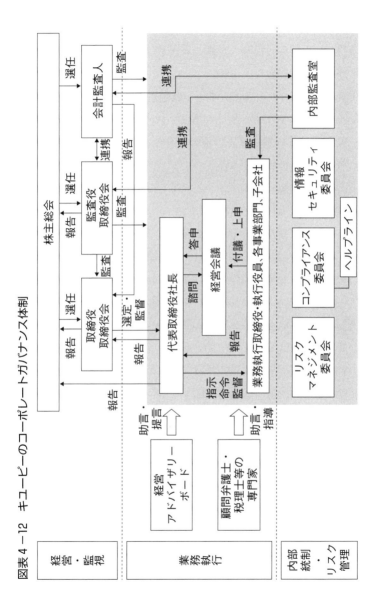

第4章 企業の成長を支援する 115

以下はコーポレートガバナンス・コードにおいて定められている、社外取締役の役割・責務です。

・経営方針や経営改善について、自らの知見に基づき、会社の持続的な成長を促し中長期的な企業価値の向上を図る、との観点からの助言を行うこと
・経営陣幹部の選解任その他の取締役会の重要な意思決定を通じ、経営の監督を行うこと
・会社と経営陣・支配株主等との間の利益相反を監督すること
・経営陣・支配株主から独立した立場で、少数株主をはじめとするステークホルダーの意見を取締役会に適切に反映させること

　また、人数については「独立社外取締役は会社の持続的な成長と中長期的な企業価値の向上に寄与するように役割・責務を果たすべきであり、上場会社はそのような資質を十分に備えた独立社外取締役を少なくとも2名以上選任すべきである」との記載があります。

　社長の交代の場面では、取締役のほとんどすべてが利害関係者になってしまうので、議論が硬直してしまいます。事業承継の計画を確認し、進行を支援すること、高齢になった社長が居座り、引退時期を明確にしていない場合は、引退を諫言することも、社外取締役に期待される役割です。

　同族会社の場合は、林原のように過度の信頼感によって、相互にチェックすべき問題が放任されることがあります。外部の客観的な立場からの助言が求められます。

　しかし、社長にとって、自分の考えに異を唱える人を取締役会に加えることは、勇気と寛大さが必要になるものです。社長は自

116　Ⅱ　中小企業向けサービス

分が聞きたくない話を聞くことになるからです。したがって、社外取締役を選ぶ場合は、意見を聞くに値する見識と経験をもった人に取締役を依頼することがポイントになります。また、何を期待するのかを明確にすることが大切です。

　以下は、平成26年12月12日の日本経済新聞からの抜粋です。社外取締役の助言が有効であった事例といえるでしょう。

タカタ問題で追い込まれたホンダ

　「事態は深刻だ。顧客の安全を最優先にすべきだ。」３日の米下院の公聴会を数日後に控え、ホンダの伊東孝紳社長は岩村哲夫副社長と連れ立って社外取締役の畔柳信雄・三菱東京UFJ銀行元頭取のもとを訪ねた。タカタ製エアバッグの不具合に伴うリコールへの対応の遅れに畔柳氏は伊東社長らを一喝した。畔柳氏の言葉に背中を押される格好で、ホンダは全米での調査リコールに踏み切ることを決断した。

　一方、以下は、電機不況のなか、ひとり業績をＶ字回復させた日立製作所元会長の川村隆氏の『ザ・ラストマン』からの抜粋です。

　「2012年に日立は社外取締役を三人に増やしました。うち、二人は外国人です。これにより取締役の過半数が社外取締役となりました。さらに2013年には女性の外国人社外取締役が加わりました。日本ではまだ例が少ない取り組みでしょう。候補者の人選は私が行いましたが、社外取締役は、いわば監督役で、会社とは利害関係やしがらみがないため、自由に意見を言える

立場にあります。極端な話、今の社長が日立にふさわしくない
と社外取締役が判断したら、社長を解任させることもできま
す」

社外取締役の要件

【伊藤レポート】
社外取締役等の非業務執行役員
　特に社外取締役等に期待される機能や役割の観点から、実
効性とのバランスが指摘された。社外取締役等の独立性は一
つの要素だが、ビジネス経験を有していない社外取締役のみ
では産業・企業固有の知見を超えた事業戦略面での貢献が限
定されるとの意見もある。独立性で問題がないのは企業経験
のない学識経験者である一方、実効性では関連のビジネスに
携わっていた経営者等や取引金融機関等の知見や経験を期待
できる面もある。

　ガバナンス・コードには「2名以上の独立社外取締役を選任す
べき」という原則4-8があります。そして、その独立性の有無
を判断するための基準としては、金融商品取引所が独立性基準を
定めており、ミニマムスタンダードとなっています。図表4-13
は東証の独立性基準です。
　なお、「主要な取引先」とは、親子会社・関連会社と同程度の
影響を与えうる取引関係がある取引先をいいます。具体的には当

118　Ⅱ　中小企業向けサービス

該取引先との取引による売上高がその会社の売上高の相当部分を占めている相手や、その会社の事業活動に欠くことのできないような商品・役務の提供を行っている相手、いわゆるメインバンクなどが考えられます。なお、メインバンクに該当する銀行であれば必ず「主要な取引先」に該当するというわけではなく、メイン

図表4－13　東証の独立性基準

A　上場会社を主要な取引先とする者またはその業務執行者

B　上場会社の主要な取引先またはその業務執行者

C　上場会社から役員報酬以外に多額の金銭その他の財産を得ているコンサルタント、会計人または法律専門家（当該財産を得ている者が法人、組合等の団体である場合は、当該団体に所属する者をいう）

D　最近において次の(A)から(D)までのいずれかに該当していた者

　(A)　A、BまたはCに掲げる者

　(B)　上場会社の親会社の業務執行者または業務執行者でない取締役

　(C)　上場会社の親会社の監査役

　(D)　上場会社の兄弟会社の業務執行者

E　次の(A)から(H)までのいずれかに掲げる者（重要でない者を除く）の近親者

　(A)　Aから前Dに掲げる者

　(B)　上場会社の会計参与

　(C)　上場会社の子会社の業務執行者

　(D)　上場会社の子会社の業務執行者でない取締役または会計参与

　(E)　上場会社の親会社の業務執行者でない取締役または会計参与

　(F)　上場会社の親会社の監査役

　(G)　上場会社の兄弟会社の業務執行者

　(H)　最近において前(B)～(D)または上場会社の業務執行者に該当していた者

第4章　企業の成長を支援する　119

バンクであっても、借入れ等の取引自体が僅少である場合など、「主要な取引先」に該当しないケースがありうるものと考えられます。

また、「多額の金銭その他の財産を得ているコンサルタント、会計人または法律専門家」ですが、顧問等であれば必ず該当するというわけではありません。監査法人等の監査報酬の場合は、2年連続してその会社に対する報酬依存度が15％を超える場合に該当する可能性があります。

地域金融機関によるデット・ガバナンス

コーポレートガバナンス・コードは、株主によるプレッシャー、モニタリングを中心として規定されていますが、ガバナンスの担い手は株主だけではなく、金融機関も含まれます。株主によるガバナンスをエクイティ・ガバナンスといいますが、金融機関によるガバナンスをデット・ガバナンスといいます。

特に、経営者＝株主の場合は、金融機関によるデット・ガバナンスの役割が重要となります。いままではメインバンクがその役割を担ってきましたが、今後は地域金融機関にその役割がより期待されます。

もちろん、オーナー経営者が自らを律するガバナンス（セルフ・ガバナンス）が完成形ですが、自分を律することはより難易度が高いので、補完するデット・ガバナンスと、サポートする専門家の存在が望まれます。

120　Ⅱ　中小企業向けサービス

図表4-14 株主と債権者によるガバナンス

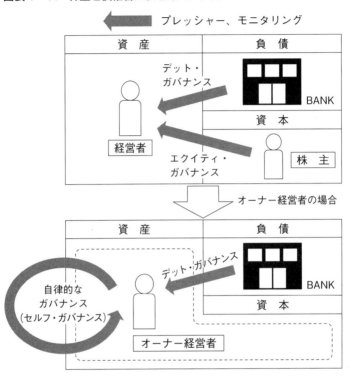

ガバナンスの一部としての会計人

　コーポレートガバナンスの推進力は情報開示・情報提供なので、会計人が専門的な知見を生かして貢献できる余地がたくさんあります。内部統制体制の構築から入って、さまざまな局面で知見を発揮して、企業側に適切に助言する、あるいは方針を策定す

るといった、単なる監督だけではなく、取締役会等での議論を通じて会社に付加価値をもたらしていくという貢献の仕方もあります。

　公認会計士の場合は、1社だけではなくさまざまな会社の監査をします。監査を実施するときは、監査対象の会社のビジネスをかなり深く理解する必要があるので、経験を積めば積むほど数多くの会社の監査経験を通じて、多様なビジネスのあり方をかなりの深さで理解することになります。そういう意味で、公認会計士は社外取締役として迎え入れられた場合に、いろいろな会社のビジネスのあり方をみてきた経験者として、企業価値の向上につながる助言ができると思われます。いろいろな会社のビジネスのあり方をみてきたということは、違う会社でこんなことがあって、こういう解決の仕方があるということを客観的に外の目からみているということであり、そういう経験はなかなか普通の人はできません。国家資格のもと社会的役割としてそういった経験を重ねてきた会計人が、コーポレートガバナンスの一部として、社会の公器である企業の安定成長に貢献することは、当然の役割であり、社会的使命であると思います。

日本公認会計士協会地域会と京都信用保証協会の取組み

　全国のほとんどの公認会計士が会員になっている日本公認会計士協会では、中小企業の成長支援を行う公認会計士のサポートが重要な施策の1つとなっています。そして、全国にある中小企業

を支援していくためには、日本公認会計士協会の地域会と地域金融機関との連携が必要不可欠です。具体的な取組事例の１つとして、地域会である日本公認会計士協会京滋会と京都信用保証協会の取組みを紹介します。

　京都信用保証協会と京滋会は、中小企業経営支援に関する専門家派遣について文書を交換し、京滋会から専門家を派遣しています。派遣をする専門家は、中小企業経営支援について、意欲・経験等がある会員で構成される中小企業経営支援勉強会が中心となります。勉強会では、実際に派遣されて支援した事例の発表等で知識の研鑽に努め、京都信用保証協会からも参加していただき、事例に関するコメント等をいただいています。専門家の業務は、主に認定支援機関業務としての経営改善計画策定と京都信用保証協会独自の取組みである「京都バリューアップサポート」です。「京都バリューアップサポート」とは以下の取組みです（京都信用保証協会ディスクロージャー誌より抜粋）。

京都バリューアップサポートの概要

・地域金融機関と連携し、アンケート調査を実施。経営改善意欲のある企業を抽出します。

・抽出した企業を当協会担当者が訪問し、経営改善に対するニーズを把握します。

・企業のニーズに合った専門家を選定し、企業に派遣します。

・専門家が経営課題や解決策を洗い出しながら助言を行い、金融機関を支えた報告会までを実施する「フル・サポート

第４章　企業の成長を支援する　123

パック」と、1日で経営改善ポイントをアドバイスする「ワンデイ・サポート」の2種類を設けています。
・専門家派遣にかかる費用は、当協会が全額負担します。
本取組みは企業に新たな「気づき」を促し、経営改善に対する「やる気」をアップしていただくことに主眼を置いています。

　こうした京都の取組みが全国の地域会と信用保証協会に広く、深く進んでいくことが期待されます。

中小企業の海外展開支援

　縮小する国内市場をカバーし、さらに成長していくには、中小企業にとっても海外展開は必要な時代となってきました。そして、平成27年10月5日の閣僚会合で大筋合意に至った環太平洋パートナーシップ（TPP）協定によって、世界GDPの約4割、人口8億人という巨大な経済圏が生まれることになりました。この合意が中小企業に与える影響について、政府が発表した「総合的なTPP関連政策大綱」には以下のように記載されています。
・技術力等を持った我が国の中堅・中小企業が「居ながらにしての海外展開」をすること、地域の特色を活かした地場産業、農産品等が8億人の市場へ打って出ることを政府は全力で後押しをする。
・関税のみならず、投資・サービス等も含めた市場アクセスに係る諸条件が改善され、さらには通関手続の迅速化等、TPPに

よる各種手続の簡素化、標準化、投資ルールの明確化、知的財産の保護等により、安心して海外展開をすることが可能となり、これまで様々なリスクを懸念して海外展開に踏み切れなかった地方の中堅・中小企業にとって、オープンな世界へ果敢に踏み出す大きなチャンスをもたらす。

・原産地の完全累積制度、電子商取引等のルールを活用し、生産拠点を海外に移さず、我が国に「居ながらにしての海外展開」が可能になる。これまでになかった新たなグローバル・バリューチェーンが次々に構築され、これに中堅・中小企業が主体的に参画することが期待される。

・従来、大企業が中心と思われていた輸出に、これからは中堅・中小企業も積極的に参画する。また、工業品だけではなく、農産品・食品も、そしてモノの輸出だけではなく、コンテンツやサービスなども積極的に海外に展開する。

今後はよりいっそう、中小企業の海外展開を支援できる専門家と地域金融機関の連携が必要になってくると思われます。専門家は、複数の国の会計・税務に対応するために、現地の事情に精通した専門家とネットワークをつくることが近道であり、筆者も実践しております。

また、特に農業は「守りの農業から攻めの農業へ」といわれ、より競争力の高い農業者に集約されることが予想されます。攻めの農業を支える「攻めのガバナンス」の構築支援が望まれます。

第4章　企業の成長を支援する　125

粉飾決算は隠し通せるか

右肩あがりの時代ならともかく、低成長時代に、粉飾を隠しながら業績をあげるのは曲芸に近いのではないでしょうか。下り坂で雪だるまをつくるようなものです（図表4-15参照）。怖いのは、撤退・縮小等の必要な意思決定が遅れること、本当の実力を自分自身が見失ってしまうことです。ほとんどの場合、雪だるまをつくり始めるのは経営者自身なので、経営者自身の意識改革、そのような経営者を選ばない企業風土、経営者の暴走を監視、止める仕組みが必要です。

図表4-15　ころがりだしたら、破綻するまで止まらない……

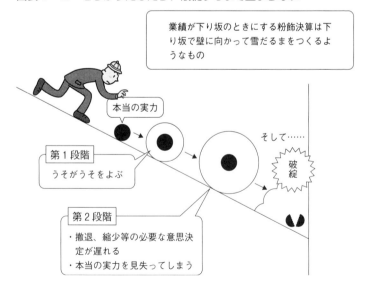

会計人の世界には「脱税をして会社が潰れることは少ないが、粉飾決算をすると会社は潰れる」という言葉があります。粉飾決算のために遅れた意思決定は取返しがつかないし、本当の姿を見失ったまま、会社を成長させることは困難です。

東芝の粉飾決算

　図表4−16は、平成27年7月20日付の第三者委員会調査報告書と、平成27年8月18日付の「新経営体制及びガバナンス体制改革策並びに過年度決算の修正概要及び業績予想についてのお知らせ」をもとに作成しました。6年と3四半期で2,130億円の水増しが行われていたことがわかります。この期間の累計で本来は3,700億円の税引前当期利益が5,830億円で発表されており、約58％の水増しが行われていました（平成27年9月7日付の「有価証券報告書の訂正報告書」では利益水増し額が2,248億円まで拡大しています）。もしかしたら、粉飾を始めたときは、業績がよくなったらつじつまをあわせようとしたのではないでしょうか。しかし、この低成長時代に、粉飾を隠しながら業績をよくし、粉飾をなかったことにするのは困難です。東芝も結果的に粉飾をなかったことにできないうちに、内部通報で社会にバレてしまい、大きく企業価値を毀損してしまったのだと思われます。中小企業であっても、低成長時代に粉飾をして隠し通すことのむずかしさは変わらないと思います。また、粉飾がバレて、後に失う社会的信用と企業価値の大きさは変わらないと思います。

　以下は、図表4−16のA〜Dの粉飾決算の手法の概要です。

図表 4 −16　東芝の決算推移

税引き前利益の修正額

（金額単位：億円）

委嘱事項	平20年度年間	21	22	23	24	25	26 1−3Q	合計
A：インフラ事業の工事進行基準	▲36	1	71	▲79	▲180	▲245	▲9	▲477
B：パソコン事業の部品取引	▲193	▲291	112	▲161	▲310	▲3	255	▲592
C：映像事業の経費計上	▲53	▲78	▲82	32	▲1	30	64	▲88
D：半導体事業の在庫評価	—	▲32	▲16	▲104	▲368	165	▲5	▲360
その他（自主チェック、派生影響等）	▲521	28	69	▲542	62	45	247	▲360
合計　①	▲803	▲372	153	▲854	▲796	▲9	551	▲2,130
発表されている税引き前利益　②	▲2,597	272	1,947	1,454	1,596	1,809	1,349	5,830
本来の税引き前利益①＋②	▲3,400	▲100	2,100	600	800	1,800	1,900	3,700
利益の水増し率　①／（①＋②）	▲24%	▲372%	▲7%	142%	100%	1%	▲29%	58%

128　Ⅱ　中小企業向けサービス

Ａ：インフラ事業の工事進行基準……発電システムや交通システム等の工事が主な事業。工事原価総額を過小に、工事の進捗率を過大に見積もることで、必要な工事損失引当金が計上されていなかった。

Ｂ：パソコン事業の部品取引……グループ会社へ部品の押込み販売をしていた。

Ｃ：映像事業の経費計上……テレビやレコーダーを販売する事業。取引先の請求書の発行を遅らせることで、広告費や物流費の計上を先送りしていた。

Ｄ：半導体事業の在庫評価……販売可能性がなかったり、滞留している在庫に対して、必要な評価減をしていなかった。

　特定の事業部や部門が暴走・粉飾をすることもあるのですが、これだけ複数の事業にわたっていると、経営トップと企業風土の問題です。以下は第三者委員会報告書による粉飾決算の原因です。

①　経営トップらの関与を含めた組織的な関与

　経営トップらが意図的な見かけ上の当期利益のかさ上げの実行や費用・損失計上の先送りの実行またはその継続を認識したのに、中止ないし是正を指示しなかった

②　取締役会における内部統制（監督機能）が機能していなかった

　受注時に数十億円以上の赤字が見込まれる案件や、受注後に数百億円の損失が発生することが判明していた案件が存在したにもかかわらず、これらの重要な案件に係る損失の発生について取締役会においてなんらかの報告がなされた事実は見当たらなかっ

た。

③ 監査委員会による内部統制（監査機能）が機能していなかった

不適切な会計処理について、監査委員会として取締役会に報告を行ったり、なんらかの指摘等を行った事実は見当たらない。3名の社外監査委員のなかには財務・経理に関して十分な知見を有している者はいなかった（なお、監査委員会の委員長が前任の財務責任者であったため、自らの会計処理を指摘するようなことは実質的に不可能な人事をしていたようです）。

④ 会計監査人による監査が機能していなかった

⑤ 内部通報制度が十分に活用されていなかったこと

不適切な会計処理の問題が発覚することとなる端緒が、証券取引等監視委員会による開示検査であったとのことであり、東芝の内部通報制度等による自浄作用が働かなかった

第三者委員会の指摘は、粉飾の動機、いつからだれの指示で始まったのか等に関して踏込みがあまい、との批判があります。それでも、形式的にはコーポレートガバナンスが整っているが、実効性がなかったことがうかがえます。「コーポレートガバナンスを粉飾していた」という指摘も的を射ていると思います。

東芝は平成28年3月末までに国内外でグループ全体の5％に相当する1万600人を削減すると発表しています。室町正志社長は記者会見で「もう少し早く対策していれば、これほど大きな痛みにはならなかった」と発言しています。言い方をかえると、粉飾決算が必要な意思決定を遅らせていた、ともいえると思います。平成27年11月2日の日本経済新聞の社説では、ライバルである日

立製作所が迅速にテレビやシステム LSI といった不採算ビジネスを整理し、発電設備や鉄道などのインフラ事業を強化して業績を急回復させたことと対比して、「東芝は利益操作で自らの実態を偽り、貴重な時間を浪費した。病気の治療と同じく企業のリストラも手遅れはときに致命的である」と、表現しています。持続的な成長のためには事業の選択と集中、適時に果断な意思決定ができる経営者、その意思決定を支える正しい会計、決算とガバナンスが必要です。

　第三者委員会は経営者による内部統制の無効化を指摘しています。経営者の誠実性や倫理観といった姿勢が最も重要であるにもかかわらず、第三者委員会によると、歴代社長は以下の発言をしていました。

　「今期は少しくらい暴走してもいいので東芝の営業損益に貢献せよ」

　（適切な会計処理をしようとしている部下に対して）「いちばん会社が苦しいときに、ノーマルにするのはよくない考え」

　「ETC の工事損失に関し、できるだけ第 3 四半期ではなく第 4 四半期に認識する方向でお願いします」

　暴走する経営者による不正はだれが止められるのでしょうか。候補者は以下のとおりです。

・監査役および監査役会

・取締役、特に社外取締役

・内部通報制度（従業員や取引先等）

・公認会計士による外部監査

　オーナー企業であれば、オーナー一族のなかで、オーナー社長

第 4 章　企業の成長を支援する　131

に影響力がある者も、候補者になります。本来は上記が機能していなくても、経営者が自ら律することができれば、自らを制止してくれる右腕・番頭がいればよいのですが、東芝や林原ではむずかしかったようです。

　人間の心は弱い部分もあります。経営者は自らの心が弱いことを知り、自らを監視する仕組みを自ら構築する必要があります。そして、関与する地域金融機関と会計人には、暴走する経営者を制止してもらえるのではないか、という社会的な期待があります。それに応えるために、経営者と向き合う必要があると思います。また、暴走する可能性がある経営者を止めるために、事前に有効な仕組みの導入を促すことができると思います。

地域金融機関と会計人の連携ポイント

両者が連携して暴走する経営者を止める。暴走する可能性がある経営者を止めるための仕組みの導入を促す。

　→経営者と対話

　→有効な監査役会、取締役会の実現を支援

　→自らが社外取締役、社外監査役になって監督

　→内部通報制度の導入支援、社外取締役・監査役として通報窓口になる

　→公認会計士による外部監査の導入

【コラム】 社員へのプレッシャーはどれくらい必要か？

東芝は、社員への不適切なプレッシャーが問題になっています。これに関して、平成27年8月30日の日本経済新聞に日本電産の永守社長の言葉がありました。「社員にプレッシャーをかけたのがおかしい、そんなことをいわれているがそれはおかしい。どこでもプレッシャーはある。それがなく計画未達でいいぞと言ったら会社はつぶれる。どんな名馬でもムチで尻をたたかれないと馬は走らないだろう。勝つにはやっぱりばしっとやる。問題はどこでたたくかだ。たたかれすぎて血が流れているとかそれではいけない。相手の力をみたり、現場に行ったりしてよく社員を見ないと、不正が起きるときはトップが相手の力以上に要求している場合が多い」。また、京セラの稲盛会長は「目標は簡単に実現できるようなものはだめで、努力に努力を重ねたうえで、どうにか達成できるかどうかといった高い水準であることが求められる」といっています。目標の高さ、プレッシャーの程度は、現場と社員をよく理解した経営者が設定しないと、事業の成長につながらないことがわかります。

税務調査で従業員の着服が発覚！　会社の責任は？

従業員が着服したために、本来計上すべき所得が漏れていた場合、当然、追徴課税が発生します。さらに、重加算税が発生するか否かが問題となります。重加算税とは、会社が意図して所得を隠していた場合に発生する本税×35％のペナルティです。

原因が、経営者が知らない従業員不正であった場合に、重加算

第4章　企業の成長を支援する　133

税は課されるのでしょうか。以下の場合には、従業員がやった行為を、会社が意図してやった行為として同一視され、重加算税が課される可能性があります。

・その従業員が会社のなかで重要な地位にいる

・管理・監督をしていれば容易に発見できた

　もちろん従業員不正を発生させないのが本来なのですが、発生していたとしても、経営者が有効な内部統制を構築していた場合には、重加算税を免れる可能性があります。そして、有効な内部統制が構築されていた場合には、その従業員は「不正をしてもばれてしまう」と思い、不正を思いとどまったかもしれません。経営者が有効な内部統制を構築することは、従業員と会社を守るために必要なことです。たとえば、以下のような内部統制の構築が考えられます。

・定期的に金融機関から残高証明書、当座照合表を入手し、差異チェックをする

・経理部が売掛金の年齢調べを定期的に行い、回収期限が経過している売掛金について営業部に問い合わせる

・定期的に支店や店舗に往査に行き、金庫や現金出納帳や在庫受払簿をチェックする

特別目的の公認会計士による監査

　暴走している経営者・従業員を止めるため、あるいは暴走する可能性がある経営者・従業員を止めるための仕組みとして、公認会計士による外部監査を利用することも有用です。上場企業や会

社法上の大会社に対する法定監査以外にも、任意の監査で、その目的を特別に定めて行い、監査報告書を発行できる場合があります。日本公認会計士協会が監査基準委員会報告書で想定している事例として以下の記載があります。

・融資を受けるために、金融機関からの要請に基づいて作成された財務諸表に対する監査

・会社の売上高のうち、特定の商品に係る売上高計算書に対する監査

・売掛金、貸倒引当金、棚卸資産といった財務諸表項目に対する監査

また、監査基準委員会報告書では言及されていませんが、以下のような監査も可能と思われます。

・（グループ会社間の債権債務が不一致の場合に）グループ会社間の債権債務に対する監査

・（著しく多額になっている）交際費に対する監査

・（公認会計士が金融機関から直接に残高確認を入手して実施する）預金に対する監査

・部門別損益計算書に対する監査

地域金融機関と会計人の連携ポイント

粉飾決算、経営者不正、従業員不正の発見、防止のために、地域金融機関からの依頼に基づき、もしくは、地域金融機関に促された経営者からの依頼に基づき、会計人が特別目的の任意監査を行う。

第4章　企業の成長を支援する　135

【コラム】 社会福祉法人の制度改革とコーポレートガバナンス

　上場会社以外でも、コーポレートガバナンスの強化がテーマになっている法人があります。社会福祉法人です。税金優遇され「黒字をため込んでいる」といわれている社会福祉法人で、不祥事が相次いだために、社会的要請を受けて、制度改革がスタートしました。

　図表4－17がガバナンス強化の概要ですが、そのほかにも「社会福祉充実計画」の策定等の改革が予定されています（平成27年末の本書執筆時点では、制度改正の法案は未成立です。改正法案をもとに記述しています）。

　法案が成立すれば、収益10億円以上または負債20億円以上の法人は平成29年度以降に会計監査人監査が必要となる見込みです。早ければ、平成28年度が会計監査人候補探しや監査受入テスト等の準備期間になります。監査受入テストでは、会計監査人候補者が、財務諸表が適切に作成されているか、内部統制が適切に整備・運用されているか等をチェックし、監査契約を受嘱するか否かを判断することになります。場合によっては、会計監査人に監査契約の締結を断られる可能性も否定できません。また、平成29年度から会計監査人が設置される場合には、平成29年4月1日時点の期首貸借対照表が適切に作成されている必要があり、平成28年度決算で過年度の会計処理の修正が必要になる可能性があります。したがって、平成27年度には、準備費用の予算化が望まれます。監事が公認会計士でも、同じ者が監事と会計監査人はできないので、候補探しが急がれます。また、会計監査人設置が不要な法人でも、会計人による「社会福祉充実計画」のチェックは必要になるので、準備が必要となります。

　なお、会計監査人の設置以外にも、主に以下のガバナンスの強化が予定されています。

136　Ⅱ　中小企業向けサービス

図表 4 −17　社会福祉法人のコーポレートガバナンス改革

	《現行》	《見直し後》
理　事 理事長 理事会	●理事会による理事・理事長に対する牽制機能が制度化されていない。 ●理事、理事長の役割、権限の範囲が明確でない。 （注）　理事会、理事長は通知に規定が置かれている	●理事会を業務執行に関する意思決定機関として位置づけ、理事・理事長に対する牽制機能を働かせる。 ●理事等の義務と責任を法律上規定。
評議員 評議員会	●評議員会は、任意設置の諮問機関であり、理事・理事長に対する牽制機能が不十分。 （審議事項） ・定款の変更 ・理事・監事の選任　等	●評議員会を法人運営の基本ルール・体制の決定と事後的な監督を行う機関として位置づけ、必置の議決機関とする。 （決議事項） ・定款の変更 ・理事・監事・会計監査人の選任、解任 ・理事・監事の報酬の決定
監　事	●監事の理事・使用人に対する事業報告の要求や財産の調査権限、理事会に対する報告義務等が定められていない。	●監事の権限、義務（理事会への出席義務、報告義務等）、責任を法律上規定。
会　計 監査人	●資産額100億円以上もしくは負債額50億円以上または収支決算額10億円以上の法人は2年に1回、その他の他人は5年に1回の外部監査が望ましいとしている（通知）。	●一定規模以上の法人への会計監査人による監査の義務づけ（法律）。

第4章　企業の成長を支援する　137

- 評議員と理事・監事・職員を兼ねることはできない
- 評議員の数は、定款で定めた理事の数を超えなければならない
- 評議員は各評議員・各理事の配偶者・三親等以内の親族が含まれてはいけない
- 評議員会が理事・監事・会計監査人を選任・解任する。
- 理事は、各理事の配偶者・三親等以内の親族が3人を超えても、理事総数の3分の1を超えてもいけない

CFO が不足している

次は伊藤レポートからの抜粋ですが、日本における CFO 人材の不足が懸念されています。

【伊藤レポート】

01 持続的な企業価値向上に向けた取り組みを実施し、変革を進めていくために、経営者のリーダーシップや経営力が必要である。投資家が企業の持続的成長を見る上でも経営者の姿勢や実施能力は重要な要素である。

03 また、経営陣として、CEO は能力を発揮するため、資本規律の観点からの参謀役となる CFO の役割が重要であるが、日本では本当の意味での CFO が育っていないとの指摘がある。

【伊藤レポート】

17　CEO が思い切って経営を執行できる前提条件は、有能なCFO が存在していることである。CFO は全社的な資金効率やリスクに対する企業体力のバランスをとる重要な役割を期待されるが、日本では本当の意味での CFO の人材プールが薄い。時にはプロジェクトの中止を勧告せざるを得ない場合に CEO にもの申すことができるような CFO を育てていく必要がある。その方策として、投資家や社外取締役による CFO 教育や人材市場におけるプロフェッショナル CFO の活用等も考えられる。

【伊藤レポート】

　コーポレート・ガバナンスは「自律」と「他律」のバランスのとれた組み合わせによって成立する。基本や経営活動に精通している経営陣による「自律」である「経営規律」を効かせるべきである。内部出身である代表取締役社長に権限が集中し、内部の取締役が牽制機能を果たせないようでは困る。現実問題として、日本企業には経営者としての最高財務責任者（CFO）のプールが足らないことはコーポレート・ガバナンス上、重要な課題である。企業の財務的な観点から企業の置かれた状況を冷静かつ客観的に把握して、チェックアンドバランスを効かせる役目としての CFO の役割は大きい。プロフェッショナルな CFO の育成に今後注力すべきである。

こうした自律的な「経営規律」を補完するのが、社外の役員による「他律」である。日本企業は経営の浄化という点で、総じて自己規律が働いてきたともいえる。社長の任期を慣習的ないし暗黙のうちに4から6年として交代する企業も多い。確かに、長期政権による独走を防止するには効果があった面はある。しかし、一方で、日本企業の長きにわたる低収益性は自己規律によるガバナンスに限界があったことを如実に物語っている。社外取締役などを活用した他律によるガバナンスが必要である所以である。

　特に、人材が不足しがちな中小企業の場合は、その懸念は大きくなります。また、オーナー企業の場合は、会社の財務のみではなく、オーナーおよびオーナー家の財務・税務に関するサポートが必要になります。会社とオーナー・オーナー家は表裏一体、不可分の関係です。地域金融機関と会計人が連携し、両面の支援体制の構築が望まれます（図表4−18参照）。

　「コドラが大事なんです。経営も同じなんですが。」豊田社長はラリーイベントに集まった観客に呼びかけた。
　「コドラ」とはレース中に地図を読む同乗者（コ・ドライバー）のこと。
　経営トップと同じ立場から先を読み、時に自らをけん制するような人材がでてこないというのが最近の不満材料だ。

（平成26年12月12日の日本経済新聞（抜粋））

図表4-18 地域金融機関と会計人が社外CFOの役割を担う

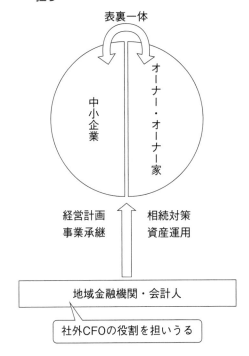

　経営に置き換えると、地図は中期経営計画に当たると思います。地図を読み、前に進むには適時に現状を把握できる管理会計と、軌道修正するためのPDCAサイクルが必要です。売上高日本一のトヨタの社長でも、同じ立場で地図を読み、ともに前に進み、時には軌道修正を促すような存在が必要であることがわかります。この役目は、地域金融機関や会計人、あるいは両者が連携をして担っていけるはずです。

> ### 地域金融機関と会計人の連携ポイント
>
> 中小企業とオーナー・オーナー家の持続的な成長のために、地域金融機関と会計人が、連携をとって、経営計画作成支援、事業承継支援、相続対策、資産運用支援を行う。
> 両者が連携することで、中小企業に不足しがちなCFO・コドラ（同乗者）の役割を担うことができる。

ガバナンスの急所はトップ人事

　ガバナンスの急所はトップ人事、すなわち事業承継です。金融庁スチュワードシップ・コードおよびコーポレートガバナンス・コードのフォローアップ会議委員である冨山和彦氏は、共著の『決定版　これがガバナンス経営だ！』のなかで、以下のように記載しています。

　「モニタリング型の取締役会においては、この社長の選任を最高、究極の使命と位置付け、企業の長期持続的な成長を導くことが求められる。カネボウにしろ、東芝にしろ、最大のガバナンス不全は、選択と捨象という厳しい意思決定を先送りにする経営トップを選任し続け、挙句の果てに不正会計につながるような無理な指示を出し続けた経営トップを放置したことにある」

　「取締役会からのガバナンスが効いていることを前提に、最も有能な人材がトップとなり、将来のトップとなるべき人材候

図表 4-19 適切なトップ人事がガバナンスの急所

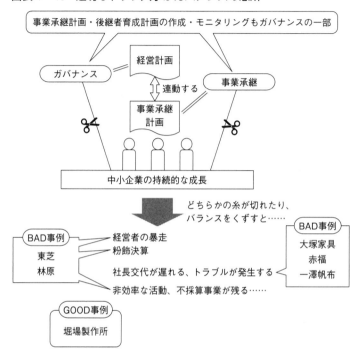

補を真剣かつ公明正大に選び、鍛え、絞り込んでいく仕組みこそが大事なのである」

事業承継についての詳細や、実際にあった事業承継の問題事例と理想的な事例については、第5章で紹介します。

第 5 章

事業承継を支援する

前章では、社会に長く認められ、継続して存在する会社になるために、コーポレートガバナンスが必要な仕組みであることを述べました。コーポレートガバナンスは、経営を委託する経営者の規律づけが重要な要素です。特に、「ふさわしくなくなった経営者をどうやって交代させるか」「次の後継者をどのように育て、選ぶか」は重要な課題です。そして、オーナー企業の場合は、オーナー経営者である自分の経営からの引退につながるので、さらにむずかしい課題となってきます。

　ビジネスには単年度の短期的な成果が求められる一方、中長期的に企業価値を向上させる長期的な計画が必要で、その時にふさわしい経営者がいるかどうかは重要な要素です。しかし、ほとんどのオーナー経営者は、自分の引退時期を決めていないのが実態です。長期的にものごとを考えることを推奨しているのがコーポレートガバナンス・コードです。コードでは、経営理念や経営戦略をふまえたうえでの、後継者の計画の監督を取締役会の責務としています。

　会計の専門家はつい、相続税対策に走ってしまうのですが、それよりも前に事業承継計画を立てるべきです。事業承継計画がはっきりしないと、相続税対策や財産の承継に関するプランも立てられません。会計人がせっかくよい相続対策の提案をしても、全体としては実行不可能なものになっていることも多くあります。

　次の世代も同じワンマン経営のかたちをとるのか、それとも、後継者を中心とする経営チームをつくって、後継者はチームを動かすリーダーとして経営していくのか、このようなことも計画の

なかで考える必要があります。経営者は、自分がいなくなった後の会社が継続できるかどうかいたずらに心配するよりも、いずれくるその日に備えて、以下のような仕組みで強靭な組織をつくることに注力すべきです。

・会計情報システムを整備し、現場を離れても、経営状態を把握できるようにする。

・経営チームを育成する。幅広い年齢層で構成するのが望ましい。同年代のチームは、定年時期が重なるために、永続性に欠ける。

・社外取締役を採用する

　創業者はオーナー、取締役会、執行者の3つの役割を1人で演じていますが、後継者が同じ役割を担うことはむずかしい場合が多いと思います。なぜなら、組織は創業時より複雑になり、利害関係者の数は増し、管理すべき要素が増えているからです。そこで、後継者を中心とした次期経営チームの育成が必要になります。このチームにおいて、後継者はメンバーの意見を真剣に聴く必要がありますが、意思決定は多数決で行うべきではありません。あくまでも後継者が会社のビジョンや価値観に基づいて決定し、メンバーはそれを意欲的に受け止めるというチームをつくることがポイントです。

事業承継の現状

　地域金融機関ならびに会計人の顧客である中小企業経営者にとって、最も重要なミッションは、いかに企業を存続発展させて

いくかです。このため、経営者がリタイアを考える年齢になり、特に後を継ぐ子どもがいないような場合、事業承継は最大の経営課題になります。また、企業の「ゴーイングコンサーン」を手助けする金融機関にとっても、取引先の事業承継には慎重かつ積極的に取り組む必要があります。裏返せば、会計人との連携により、事業承継をきちんと支援できれば、現在の経営者はもとより、事業を引き継いだ新しい経営者からも頼られる相談相手となり、取引をさらに拡大できるチャンスとなります。

◆ **平均引退年齢の上昇と高齢経営者比率の上昇**

帝国データバンクの調査によると、経営者の交代率（1年間の間に社長の交代があった企業の比率）は、低水準で推移しており、

図表5−1　社長の平均年齢と交代率の推移

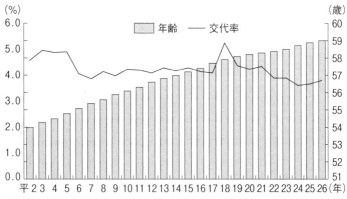

(出典)　帝国データバンク「全国社長分析（平成26年）」
(備考)　「全国社長分析」では平成24年調査までは個人経営の代表を含んだ調査、平成25年調査からは株式会社、有限会社に限定した調査となっている。

図表5－2 経営者の平均年齢推移

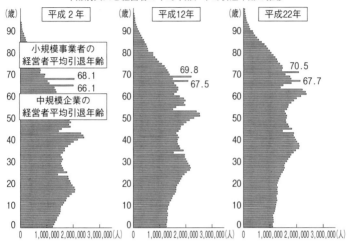

(出典) 年齢人口：総務省「国政調査」、経営者平均引退年齢：中小企業庁「中小企業白書」(2013)
(備考) 経営者平均引退年齢については、事業承継時期「0～4年前」を2010年、「10～19年前」を2000年、「20～29年前」を1990年においている。

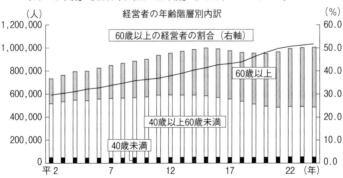

(出典) 帝国データバンク「全国社長分析」(2012)
(備考) 株式会社、有限会社の経営者の年代別構成。

(出典) 中小企業庁「事業承継を中心とする事業活性化に関する検討会」第1回配布資料一覧「事業承継等に関する現状と課題について」

第5章 事業承継を支援する 149

平成26年には3.83％と、昭和50年代の５％を大きく下回っています。その結果、経営者の平均年齢は上昇傾向にあり、平成26年には59.0歳と、過去最高を更新しました（図表５−１参照）。

　同様に経営者の引退年齢も上昇傾向にあり、中規模企業で67.7歳、小規模事業者では70.5歳となっています。その結果、60歳以上の経営者の割合は20年前の29.8％に対して、平成24年には51.8％となっています（図表５−２参照）。

　つまり、今後10年間で、５割を超える現経営者が平均引退年齢にさしかかり、高度成長時代に創業した企業の初代経営者が次々と事業承継のタイミングを迎えているわけですが、約50万社の経営者が、事業承継に悩んでいると予想されます。

　こうした企業の経営者が保有する自社株の評価額が、これまでの内部留保のおかげで膨大になり、額面の100倍に及ぶことも珍しくありません。企業は、さまざまな手段で自社株の評価を引き下げることで、節税対策を行っていますが、国税庁の調査で行きすぎた節税と認識された場合には、重加算税の対象になるおそれもありますので注意が必要です。

事業承継の進め方

　近年、中小企業経営者の高齢化が進むなかで、経営者の子息または子女などの親族内における後継者の確保が困難となってきています。「後継者教育に関する実態調査（東京商工リサーチ：平成15年）」によると先代経営者と後継者との関係の変化をみてみると、20年以上前には約80％であった子息または子女などの親族内

における後継者の事業承継の実態が、最近では約半分の41％まで
その比率が減少しており、中小企業にとって、後継者不在は深刻
な問題となっています。

　少し古い資料になりますが平成18年版の「中小企業白書」によ
れば、年間29万社の廃業のうち、後継者不在を第一の理由とする
ものが約7万社にのぼり、その廃業に伴う失業者の数は年間20
万～35万人にのぼると推定されています。失業者の増加と労働人
口の流出による地域経済の衰退を食い止めるためにも、経営者の
引退した後も事業を継続させることが重要な課題です。

　中小企業の経営者には早いうちから事業承継問題に手を打って
いくことの重要性を理解してもらい、それぞれの経営者の実情に
応じた中長期の経営計画に事業承継の時期および具体的な対策を
盛り込んだ事業承継計画を作成することが大切です。

　中小企業の経営者に対する事業承継の準備状況のアンケート
（三菱UFJリサーチ＆コンサルティング㈱「事業承継・職業能力承継
アンケート：平成17年12月」）によると、事業承継準備について
「何もしていない」と「準備が不十分」が合計80％にのぼり、事
業承継の重要性にもかかわらず事前準備が進んでいない実態が浮
き彫りにされました。また、「準備が不十分」または「準備が十
分にできている」と答えた中小企業においても、事業承継の具体
的対策を実行しようとしたときに、経営者の親族や従業員、取引
先といった関係者からの理解が得られず、所得税、贈与税および
相続税等の税金対策を行っていなかったために納税資金が確保で
きていないなど、事業承継の課題の抽出が十分にできていなかっ
たと思われるケースが少なくありません。

第5章　事業承継を支援する　151

これら事業承継の問題を解決するためには、以下に掲げる順番によって、事業承継計画を立案し、その計画をステップアップして実行に移していくことが重要です。

①　最初に会社を取りまく「ヒト・モノ・カネ」などの現状を正確に確認すること。

②　①で把握した現状にあった承継方法および後継者を選定・確定すること。

③　そして、その現況に応じた中長期の経営計画に事業承継の時期および具体的な対策を盛り込んだ事業承継計画を作成・実行に移すこと。

　事業承継全体のプロセスは図表5-3のとおりです。

現状把握

　計画を立案するためには、まず現状の把握を行います。具体的には会社の現状について、資産、従業員の数や年齢構成、資金繰り、負債、業界での競争力等を調査し、クライアントの経営者である個人の財務状況について、保有自社株式、その他企業資産の価値、負債、個人提供している保証等を把握します。

　次に、後継者となりうる者が親族内、社内、社外どこにいるか探す必要があります。候補者について、年齢、経歴、会社経営に対する意欲の有無、親族・役職員との人間関係等を調査し、リーダーシップなどの経営能力があるかを注意深く検討し、リストアップします。

　これらの現状を把握するときに常に念頭に置くべきことは、相

152　Ⅱ　中小企業向けサービス

図表5-3 事業承継対策全体のプロセス(フローチャート)

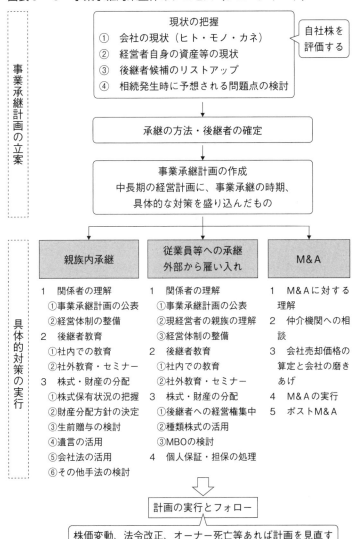

第5章 事業承継を支援する

続発生時の問題点を広範囲に予測すること、およびその解決方法にはどのようなものがあるのか考察することです。具体的には、法定相続人について、相互の人間関係や株式保有状況はどうなっているかを検討し、相続財産にはどのようなものがあり、将来の相続税額がいくらになるかを試算し、納税方法がどうなるか等につき調査を進めながら、相続紛争が生ずる可能性と納税資金が不足するリスクがどのくらいあるかを把握し、解決策を模索します。

承継方法・後継者の決定

　後継者候補がどこに存在するかによって承継方法は異なります。すなわち、まず「親族内承継」か「親族外承継」かに大別され、「親族外承継」はさらに「従業員や外部への承継」と「M＆A」に分かれます。どの承継方法がよいかは、親族内承継、従業員等への承継、M＆Aそれぞれの特徴、メリット・デメリットを検討して決定します。承継方法が異なれば、具体的な対策もまったく異なることになるので、承継方法の決定は非常に重要です。

　同時に、事業承継の方向性について後継者候補の意思を事前に確認し、さらに親族や会社幹部の意見を聞く必要があります。これらを総合的に検討し、承継の方法、後継者を確定することになります。

事業承継計画の作成

　後継者が決まったら、ぜひ事業承継計画を作成してもらいま

しょう。ここでの事業承継計画とは、中長期の経営計画に事業承継の時期、具体的な対策を盛り込んだものをいいます。

事業承継計画は次の6つのステップにより作成します。

ステップ1：自社の現状分析

ステップ2：今後の環境変化の予測と対応策・課題の検討

ステップ3：事業承継の時期・方法を盛り込んだ事業の方向性
　　　　　　の検討

ステップ4：具体的な中長期目標の設定

ステップ5：円滑な事業承継に向けた課題の整理

ステップ6：事業承継計画の作成

ポイントは、ステップ1～4において、会社の中長期的な経営計画を作成し、それを基礎として、ステップ5で課題やリスクを洗い出し、事業承継の時期や具体的な対策を検討します。事業承継対策にあわせて経営計画を策定するのではありません。経営計画のなかに事業承継対策を織り込みます。

具体的な対策の実行

策定した事業承継計画に基づいて具体的な対策を実行します。本項では、中小企業において一般的な「親族内承継」について図表5－4に示した事業承継計画に沿って、解説します。では、前項の事業承継計画を具体的にみてみましょう。

①　関係者の理解に向けた環境整備

事業承継計画を社内や取引先企業、金融機関等に公表します。また、後継者を重要なポストに就けて権限の一部を委譲し、関係

第5章　事業承継を支援する　155

図表5－4　事業承継計画表の例

■　Ｔ社社長Ｘの親族内承継計画表

【基本方針】

① 　Ｘから長男Ｙへの親族内承継を行う。

② 　4年目に株式の一括贈与と同時に社長交代。贈与税の納税猶予の

		現在	1年目	2年目	3年目	4年目
事業の計画	売上高	8億円	→			→
	経常利益	3,000万円	→			→
会社	定款・株式・その他		相続人に対する売渡請求の導入		A・Cからの自己株式取得	役員の刷新（注1）
現経営者（Ｘ）	年　齢	60歳	61歳	62歳	63歳	64歳
	役　職	代表取締役社長			→	会長
	関係者の理解	家族会議		社内へ計画発表	取引先・金融機関に紹介	
	株式・財産の分配		公正証書遺言（注2）			株式一括贈与
	持　株（％）	60%	→			0%
後継者（Ｙ）	年　齢	30歳	31歳	32歳	33歳	34歳
	役　職	従業員	取締役	常務取締役	専務取締役	代表取締役社長
	後継者教育　社内	工場	→	本社営業	本社管理	総括責任
	後継者教育　社外			経営革新塾		
	持　株（％）	0%	→			60%
補　足		（注1）　A・Cが退任し、Bが取締役に就任。 （注2）　自宅不動産（7,000万円）を長女に、預貯金（3,000万円）を次女に相続させる旨を記載。				

（注）　上記の例では、現経営者および後継者の持株割合は、議決権割合ではなく、発行済株式総数に対する保有株式割合を示している。

156　Ⅱ　中小企業向けサービス

適用を受ける（代表権を長男Yに譲り、Xは会長へ就任。10年目に完全に引退する）。

③ 民法特例により生前贈与株式を遺留分の対象から除外する。

5年目	6年目	7年目	8年目	9年目	10年目
9億円				→	10億円
3,500万円				→	4,000万円
経済産業大臣の認定					
65歳	66歳	67歳	68歳	69歳	70歳
		→	相談役	→	引退
→					→
35歳	36歳	37歳	38歳	39歳	40歳
→					→
→					→
→					→
贈与税の納税猶予適用	事業継続用件（株式継続保有・雇用維持・代表権保持　など）				
民法特例に係る除外合意・経済産業大臣確認・家庭裁判所許可					

者と意思の疎通を図ります。そうして役員・従業員の理解を得つつ、後継者を助ける将来の役員陣の組成に着手します。

　図表5－4にあげたＴ社の例においては、下記のような対策を計画し、事業承継計画の各欄に織り込んでいることが確認できます。

ａ）　家族会議で、Ｙを後継者とすることを決定（実施ずみ）。

ｂ）　社内の役員・従業員にＹを後継者とする旨を公表し、事業承継計画を発表（2年目）。

ｃ）　金融機関・取引先企業にＹを後継者とする旨を告知（3年目）。

ｄ）　Ｙを取締役（1年目）、常務取締役（2年目）、専務取締役（3年目）、代表取締役社長（4年目）とし、段階的に権限委譲。

ｅ）　Ｂを取締役に抜擢し、Ａに引退してもらうことで役員の世代交代を図る（4年目）。

ｆ）　Ｙの代表取締役社長就任にあわせ、Ｘは会長（4年目）、相談役（8年目）としてサポートにまわり、10年目に完全引退。

②　後継者教育

　他社勤務を通じて、幅広い人脈の形成や経営手法を習得させることも教育方法の1つにあげられます。自社に呼び戻した後は、現場のローテーションや、責任ある地位に就けて自覚を促すとともに、セミナーへの参加を通じて必要な知識を習得させます。

　Ｔ社においては、次のような後継者教育を行っています。

ａ）　取引先企業での他社勤務を実施。

ｂ）　社内でのＯＪＴ……工場（現在）、本社営業（2年目）、本社管理（3年目）、総括責任（4年目）。

ｃ） 商工会議所・商工会の「経営革新塾」への参加（2年目）。

③ 株式・財産の分配

一般に、株式の保有状況を把握して必要な対策を検討し、財産分配の方針を決定した後に、後継者への生前贈与や遺言により自社株式の計画的な承継を図ります。

個別の事情に応じて、会社法の各種制度の活用や生命保険の活用をあわせて検討しますが、計画中に現経営者の判断能力が減退する可能性に備えて、任意後見制度・家族信託（268頁参照）の活用も準備しておくことが、高齢化が進んだ現時点において特に重要です。

事業承継計画を作成したＴ社では、具体的に次の対策を講じています。

ａ） 相続人に対する売渡請求に関する定款変更を行う（1年目）。

ｂ） 公正証書遺言により、長女に自宅（7,000万円）を、次女に預貯金（3,000万円）を相続させることとする（1年目）。

ｃ） 会社による自己株式の取得……Ａの株式5％（3年目）、Ｃの株式5％（3年目）。

ｄ） Ｙに取得させる株式（60％）については生前一括贈与とし、贈与税の納税猶予の適用を受ける（4年目）。

ｅ） 遺留分減殺請求により株式分散を防止するため、民法特例により除外合意を行う（5年目）。

④ 非上場株式の株式価額（相続税評価額）の予測

事業承継計画には記載されていませんが、対策の実行には株価の予測が重要です。Ｔ社の場合、4年目に現経営者が引退し、取締役でもない会長に就任し、後継者が後任の代表取締役社長に就

第5章 事業承継を支援する 159

くことになっていますが、このとき、現経営者に対する役員退職金の支払が想定されており、その実行に伴い株価が大きく下がることが想定されます。事業承継計画では、この機会をとらえて、株式の一括生前贈与を行い、納税猶予特例の適用を受け、相続税や贈与税の負担を大幅に圧縮することになっています。

中長期計画のなかには大きな損失が生じる「退職金の支払」などさまざまなイベントを織り込んでおき、その時の株価を予測します。株価が安くなった時を後継者への株式移転時期として計画し、全体として資金負担を軽くすることが大切です。

【コラム】 株価算定を専門家に依頼する前に

中小企業の株式のほとんどは非上場であり、開かれたマーケットがないため市場価格がありません。そこで、国税庁が課税のために財産評価基本通達という、非上場株式の評価ルールを定めています。そのなかで、以下の3パターンの評価方法を定めています。

① 会社が所有する資産（時価）に着目した「純資産価額方式」
② 上場している類似業種の会社の株価から比準して算定する「類似業種比準方式」
③ 会社から支払われる配当金額に着目した「配当還元方式」

また、同じ株式であっても、評価しようとする株主の支配力の強さによって評価額が異なります。従業員等の支配力をもたない、少数株主に該当した場合は「配当還元方式」で評価することになります。

おおざっぱな理解として、従業員数が100人以上の会社は「類似業種比準方式」で、100人未満の会社は「純資産価額方式」と

160　Ⅱ　中小企業向けサービス

「類似業種比準方式」の加重平均で計算します。加重平均割合は会社規模により異なりますが、通常は「純資産価額方式」だけで評価するよりも安くなります。

　なお、開業3年未満の会社や、利益も配当も直近3年間で連続してマイナスの会社、時価総資産に対して株式時価が50%以上である会社、時価総資産に対して土地時価が70%以上である会社は、「純資産価額方式」のみで評価しなければならない可能性があるので留意が必要です。

　土地や株式を時価評価する場合に、取引（売買）と相続・贈与では評価方法が異なるので、留意が必要です。たとえば、相続・贈与の場合の「純資産価額方式」は、時価純資産から法人税相当額をマイナスできますが、取引（売買）の場合は法人税相当額をマイナスできないので、留意が必要です。

　専門家以外でも、上記を考慮しながら「純資産価額方式」であれば概算株価を試算することができると思いますが、「類似業種比準方式」や「配当還元方式」の場合や、正確に株価を把握する場合、実際に、取引・相続・贈与があった場合は、専門家に相談することをお勧めします。

承継方法および後継者の確定

　事業承継の方法には、①親族内承継、②親族外承継、③M＆Aの3つの方法があります。これらの事業承継の方法は、次のようなケースが想定されます。

①　親族内承継

「親族内承継」は、経営者である親からその子息・子女に事業を承継させる方法または子息・子女以外の親族に事業を承継させ

第5章　事業承継を支援する　161

る方法に分かれます。

子息・子女以外の親族とは、たとえば、兄弟で共同経営していた会社において経営者である兄が先に死去し、その後、弟が後継者となる場合、経営者の甥や娘婿が後継者となる場合、または将来の子息・子女への事業承継の中継ぎとして配偶者が一時的に後継者となる場合、などのケースが想定されます。

② **親族外承継**

親族内に適当な後継者がいない場合には、選択肢として親族以外の役員および従業員などの社内の者へ承継する方法、または取引先および金融機関などの社外の者へ承継する方法、いわゆる「親族外承継」を選択することになります。

まず、親族以外の役員および従業員とは、社内で経験豊富な番頭格の役員が後継者となる場合や、将来の経営力等の発展を期待して若手役職員が後継者となる場合などが想定されます。

取引先および金融機関などの社外の者とは、当該会社の本業や社内事情に関しては役員やベテラン従業員ほどは熟知していないものの、経験豊富な経営者として能力がある関係者のことです。また、親族外承継には、将来的な子息・子女への事業承継の中継ぎとして従業員や取引先からの出向者等の外部の者が一時的に後継者となる場合などが想定されます。

③ **M&A**

親族内承継または親族外承継における後継者候補がいない場合には、従業員の雇用や取引先との関係と信用を維持しつつ、経営者の老後の生活資金の確保のために会社を売却して第三者に経営を任せる方法があります。いわゆる「M&A」の道を模索するこ

図表 5 - 5　事業承継の方法とそのメリット・デメリット

区分		内　容
親族内承継	メリット	①　内外の関係者が心情的に受け入れやすい。 ②　後継者を早期に決定し、後継者教育等の準備期間を十分確保できる。 ③　相続・生前贈与等により株式および事業用財産を後継者に移転可能であるため、所有と経営の分離を回避できる。
	デメリット	①　相続が発生した場合、遺留分など後継者とそれ以外の親族とで公平な財産分与の問題がある。 ②　相続人が複数いる場合における後継者の決定・経営権の集中がむずかしい。 ③　親族内に経営能力と意欲を併せ持つ後継者候補がいるとは限らない。
親族外承継	メリット	①　多数の後継者候補のなかから選定できるため、適任者と出会える可能性が高い。 ②　現経営者のもとで形成された企業理念の継続が図られやすい。 ③　経営参画へ向けて門戸開放が期待できるため、士気が高まり社内活性化の効果が期待できる。
	デメリット	①　社内、取引先・金融機関および現経営者の親族などの関係者の理解を得ることがむずかしい。 ②　後継者の株式買取資金が乏しいと強力な経営権を確立しにくい。 ③　金融機関への債務保証と担保提供についての処理交渉の難航が想定される。
M&A	メリット	①　身近に後継者として適任者がいない場合でも、より広く候補者を外部に求めることができる。 ②　現経営者が会社売却等により利益を獲得できるため、経営者の老後の生活資金を確保できる。
	デメリット	①　売手経営者の希望条件（従業員の雇用維持や価格等）を満たす買い手を見つけるのがむずかしい。 ②　新経営者と現経営者等との経営の一体性を保つのがむずかしい。 ③　税理士・公認会計士などへ相談報酬等のコストが発生する。

とになるでしょう。M&AとはMergers & Acquisitionsの略語で企業の合併・買収を意味します。

　M&Aは、会社の全部を譲渡する方法と会社の一部を譲渡する方法との2つに分かれますが、より自社に適した方法を選択するとともに、自社株式等の評価について法務・財務・事業等多方面での精査・分析の必要性から税理士・公認会計士などの専門家に相談する必要があります。

　これらの事業承継方法には、それぞれメリットとデメリットがあります。経営者の性格、周囲に後継者候補がいるかどうか、従業員や取引先の状況等、さまざまな要素にかんがみて、最も適した方法を慎重に検討し、提案することが重要です（図表5 - 5参照）。

M&Aの進め方

◆ 代理方式と仲介方式

　M&Aの進め方としては、代理方式と仲介方式の二通りがあります。どちらもプロセスには大きな違いはありませんが、M&A希望企業に対するかかわり方に少し違いが生じます。代理方式は、会計人や金融機関が譲渡希望企業（いわゆる「売り手企業」）または譲受希望企業（いわゆる「買い手企業」）のどちらか一方の代理人となり、M&Aを進めていくやり方です（図表5 - 6参照）。代理である以上、単独で売り手企業および買い手企業の双方の代理となることはできないため、自然と他の会計人や金融機

164　II　中小企業向けサービス

図表5-6 代理方式

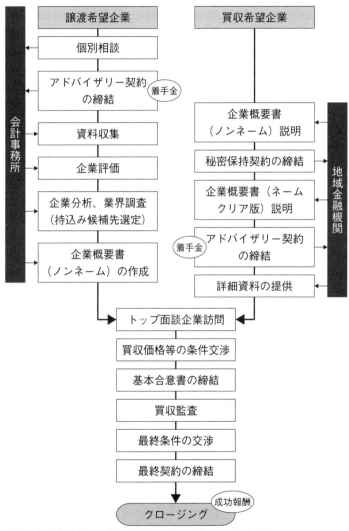

(注) 会計事務所と地域金融機関が逆の立場になる場合もある。

第5章 事業承継を支援する 165

関と連携して取り組む必要があります。この方法の場合は、代理人は自らの依頼企業のため最善の結果となるように、譲渡価格や引継時期などを相手方の代理人と交渉しなくてはなりません。

仲介方式は、代理方式とは違い、企業の代理人になることなく、双方の間に入って M&A の取りまとめ契約のお手伝いをする方法です（図表5－7参照）。売り手企業と買い手企業との間で利益相反するような事項（たとえば譲渡価格）についても、双方が納得できるようなポイントまで調整する必要があるため、代理方式に比べると負担感は大きいといえます。

しかし、会計人または地域金融機関が単独で行うことができるため、順調にいけばスピーディーな M&A に結びつけることができる可能性もあります。

もっとも、やはり、会計人や地域金融機関単独では企業等の情報量に限界があるため、M&A 専門の仲介会社に相手先候補を紹介するやり方が一般的です。この場合は仲介会社が一手に M&A 成立までの仲介を行います。

◆ M&A のプロセス

地域金融機関あるいは会計人が、顧客企業の M&A を支援する場合の基本的な流れを説明します。

① 企業評価および企業概要書の作成

まずは、売り手企業の情報を収集し分析等をする必要があります。これがないと相手先企業にみせる資料がないため、M&A は前に進みません。

この作業を行う前に着手金を請求することが一般的です。

図表5-7 仲介方式

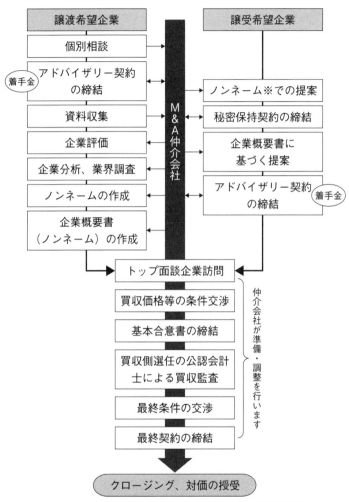

※ノンネームとは、譲渡企業を特定することなく、その概要を要約したもの
(注) 金融機関や会計人がM&A仲介会社に紹介するケースもある。
　　 ちなみに筆者は日本M&A協会の近畿支部長を務めている。

譲渡価格はあくまで双方の合意ですが、その土台となる金額を算定する作業が企業評価です。さらに、企業の定量的情報と定性的情報を集めた資料が企業概要書であり、以下の２種類が作成されます。

ａ）　ノンネーム……企業の大まかな概略を１枚のシートにしたもの。売り手企業が特定されないように情報は必要最低限でかなりアバウトなものです。

ｂ）　企業概要書……企業の要約書であり、決算書や給料といった定量的情報や企業の歴史や強み・弱みといった定性的情報のすべてを網羅し、まとめたものです。企業名等の重要事項が記載されているため、「秘密保持契約書」締結後でないとみせることは禁物です。

②　買い手企業候補先の探索

　以上の作業が終了すると、相手先の探索です。顧客である売り手企業のから提案許可の出た企業に対し（この許可をもらうことを「ネームクリア」といいます）ノンネームの提示を行い、関心を寄せた企業に対して「秘密保持契約」を締結のうえ、企業概要書にて売り手企業の細かい点を検討してする作業に入ります。買い手企業が描く事業シナジーの代表は以下のとおりです。

①　水平型……規模拡大をねらった、同業他社とのM&A

②　垂直型……小売が卸売・製造が卸売など川上・川下を意識したM&A

③　周辺型……隣接業種への進出や新規事業への参入をねらったM&A

　検討の結果、売り手企業とのM&Aを進めていく決心がつい

た場合は、着手金を支払い売り手企業の情報のすべて（定款や契約書など）を受領し、次のフェーズに進むことになります。

③　トップ面談

両者の代表が実際に面談し、書面ではわからなかった経営者の人となりや経営理念を直接確認する場面です。通常は、事前に代理人や仲介者と綿密な打合せをし、質問事項などを確認しておきます。また、当日も代理人や仲介者が同席することが多く、面談の後、工場や店舗の見学をしてお互いの理解を深めます。

M&Aのプロセスのなかで、経営者同士が顔をあわせるタイミングはこの機会しかないため、面談は1回とは限らず数回に及ぶ場合もあります。

面談は人間でいう「お見合い」であるため、面談の結果次第では、売り手企業はあらためて他の買い手企業の探索をすることになりますが、双方が納得すれば一気にM&Aの成約に至る可能性が高くなります。

面談の後、代理人や仲介者が条件交渉をし、双方の企業の合意が得られた場合は、その証として基本合意書を締結します。

④　買収監査

買い手企業が最終的に納得できるように、売り手企業に隠れた瑕疵や法令違反がないかを第三者にチェックしてもらうことを買収監査といいます。チェックするのは公認会計士や税理士が行うことが多いですが、監査の内容によっては他の専門家と一緒に行うこともあります。

ここでのポイントは、M&Aに精通した専門家を選択することが重要です。M&Aに不慣れであれば、本来チェックすべき事項

第5章　事業承継を支援する　169

の見落しや、監査すべき事項の優劣や順序がわからず、成約後に
トラブルになることもあります。

⑤ **最終契約・ディスクローズ**

買収監査の結果を受けて双方の最終合意が固まれば、法的に
M&Aを成立させるために最終契約を交わし、対価の授受を行い
ます。

契約で取り決めた内容が実行されると、タイミングを考えて、
お互いの関係者（取引先や従業員）に対し発表をします。最後に
代理人および仲介者に対し成功報酬を支払います。

オーナー経営者の悩み

相続とは、「人が死亡したことによって、その人の親族がその
人の財産上の権利・義務のいっさいを承継すること」です。そし
て事業承継とは「株主や経営者がその必要性を感じたときに、そ
の意思に基づいて後継者を定め、その定めたときから時間をかけ
て会社の経営権を委譲していくこと」です。

このように「相続」と「事業承継」とでは、その発生原因、発
生時期、承継人等によって異なります。ここで確認しておきたい
ことは「相続人＝後継者」ではないということです。この点があ
いまいだと、相続人が先代経営者の意に反して経営権の取得を主
張する事態になりかねません。

オーナー会社の事業承継にあたっては、「株は分散させない」
ことがセオリーであり、議決権が分散することはリスクです。
オーナー社長が３分の２以上の議決権をもっていれば、大抵の意

思決定はオーナー社長が単独でできるのですが、それでも1％の議決権があれば株主総会に議題を提出できますし、3％あれば株主総会の招集請求、帳簿閲覧請求、役員解任請求などの権利を行使できます。オーナー家の理解が不十分のまま、いきなり株を集中させると、一族の調和を乱すことになります。また、会社が成功するほど、相続税の負担が大きくなり、株の集中がむずかしくなる傾向にあります。

　何よりも一族であっても、時間とともに疎遠になり、いずれ他人になるのが現実です。しかし、経営理念を共有できる一族であれば、あえて株式を分散させ、社長の行動をモニタリングする方法もあります。

　また近年では、持株会社の活用、種類株、信託の利用による議決権の制限などの制度を利用して、株は分散させても議決権は特定の人に集約させる方法が一般的になってきています。

先代経営者の成功体験が経営改善を遅らせる

　世間を騒がせた大塚家具騒動の舞台になった大塚家具は、ジャスダック上場会社ですが、その株式の多くを創業家である大塚家で保有するオーナー企業でした。先代の勝久氏は創業から40年にわたって社長を務めていましたが、平成21年3月の定時総会で、娘の久美子氏が社長に就任、勝久氏は代表権をもったまま、会長になりました。そして平成27年3月の株主総会で、久美子氏の続投が決まりましたが、その過程でいわゆるプロキシーファイト（議決権の委任状争奪合戦）が勃発しました。

第5章　事業承継を支援する　171

争いの原因となったのは、父娘の間で経営戦略が相違していたためといわれています。勝久氏は会員制でチラシ広告を使って高齢者を中心に顧客を広げ、来店した顧客を高い営業力で囲い込み、高級家具を購入してもらう、という戦略でした。一方、久美子氏は会員制を廃止してだれでも気軽に足を運べる店舗で、中価格帯の家具を販売する、という戦略です。

　このように明らかに経営戦略が異なるために起こってしまった騒動にみえますが、それ以前に後継者指名は計画的で合理的だったのか疑問が残ります。少なくとも、経営戦略のすり合わせができていないまま、後継者を久美子氏にしてしまっていると思われます。

　また、後継者も、先代との対話は十分だったのか、もちろん聞く側の姿勢、能力にも左右されるので、一概に後継者だけの問題とはいえません。

　結果的に、どちらに正しいか否かというよりも、この騒動で大塚家具のブランドイメージが低下しているという事実と、それを防止するコーポレートガバナンスは適切だったのか、という疑問が残ります。

　以下はコーポレートガバナンス・コードの「第5章　株主との対話」からの抜粋です。中小企業であっても、オーナーである先代社長から後継者が事業や経営を承継する際の参考になります。

【コーポレートガバナンス・コード】
基本原則5
　上場会社は、その持続的な成長と中長期的な企業価値の向

上に資するため、株主総会の場以外においても、株主との間で建設的な対話を行うべきである。

　経営陣幹部・取締役（社外取締役を含む）は、こうした対話を通じて株主の声に耳を傾け、その関心・懸念に正当な関心を払うとともに、自らの経営方針を株主にわかりやすい形で明確に説明しその理解を得る努力を行い、株主を含むステークホルダーの立場に関するバランスのとれた理解と、そうした理解を踏まえた適切な対応に努めるべきである。

（考え方）

　上場会社にとっても、株主と平素から対話を行い、具体的な経営戦略や経営計画などに対する理解を得るとともに懸念があれば適切に対応を講じることは、経営の正当性の基盤を強化し、持続的な成長に向けた取組みに邁進する上で極めて有益である。また、一般に、上場会社の経営陣・取締役は、従業員・取引先・金融機関とは日常的に接触し、その意見に触れる機会には恵まれているが、これらはいずれも賃金債権、貸付債権等の債権者であり、株主と接する機会は限られている。経営陣幹部・取締役が、株主との対話を通じてその声に耳を傾けることは、資金提供者の目線からの経営分析や意見を吸収し、持続的な成長に向けた健全な企業家精神を喚起する機会を得る、ということも意味する。

「株主」を「先代社長」に読み替えてみると、以下のようになります。「父親」に読み替えてもよいでしょう。

・「先代社長」の声に耳を傾け、その関心・懸念に正当な関心を

払う

・自らの経営方針を「先代社長」にわかりやすいかたちで明確に説明し、その理解を得る努力を行う

・「先代社長」と平素から対話を行い、具体的な経営戦略や経営計画などに対する理解を得るとともに懸念があれば適切に対応を講じる

・「先代社長」との対話を通じてその声に耳を傾けることは、資金提供者の目線からの経営分析や意見を吸収し、持続的な成長に向けた健全な企業家精神を喚起する機会を得る

　親子の関係であっても、先代の親が株の過半数を所有したまま、子どもが経営を続けているケースは中小企業でも多くあると思います。株式が後継者に移転するまでの親子の対話は特に重要です。なぜなら、株主である親が厳しい目線で子の経営を監視しており、後継者が先頭に立って改革を進め、古参幹部が従う姿をみているうちに先代経営者に嫉妬心に近いものがわく場合もあります。自分の手腕を社内で認めさせるために、後継者に行き過ぎた差別化願望がわいてしまう場合もあります。双方がより目的をもった対話をすべきであり、コーポレートガバナンス・コードの考え方が参考になると思います。

　また、大塚家具騒動をみると、家族内で、経営に関する方針、価値観の共有等を、時間をかけてでもできなかったのか、疑問が残ります。さらに、オーナー家として預かってきた先祖の財産についても話合いが必要です。オーナー家の理念、家訓や財産管理の方針を明文化することも有用と思われます。

　目まぐるしくビジネスモデルの賞味期限が変化する今日だから

図表5-8 先代社長と後継者の対話を促す

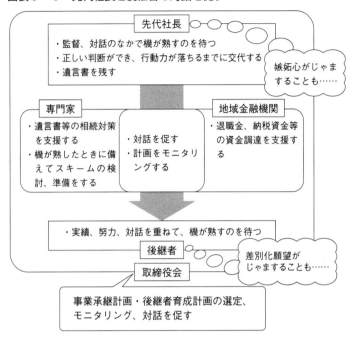

こそ、オーナー家が結束することは企業存続の必要条件ではないでしょうか。業績が悪化してからの議論と判断はより困難となるので、できるだけ早期に話合いをスタートさせ、定期的に継続すべきです。もし、家族だけでの話合いが困難であれば、地域金融機関や会計人を交えるのも1つの方法です。

【コラム】 理想的な事業承継の事例

　オーナー一族内での事業承継に綻びが生じた最近のケースとしては、大塚家具のほか、和菓子製造販売の赤福、京都の老舗帆布屋である一澤帆布が大きく報道されました。一方、京都の堀場製作所の親子間事業承継はとてもスムースに運びました。

　1945年に京都で学生ベンチャーとして起業した堀場製作所の創業社長である堀場雅夫氏は、長期的視野に立った研究開発で、自社を自動車エンジンの排ガス測定装置では世界シェア約80％を占めるメーカーに育て上げました。1992年に雅夫氏の息子である厚氏が社長になるまで、親族外の人材が社長を務めました。親族外の2代目に社長を譲ったのは1978年で、その時の雅夫氏は53歳でした。堀場雅夫氏は著書のなかで、以下のように述べています。

　　「私はこの会社の株をたくさん持っている。経営が悪くなったら、株価は下がるわ、配当は下がるわということになってしまう。能力のないやつに経営させたら私はえらい損害だ」

　　「会社の人間にとって、創業者の血族を推薦するのはたやすいけれども、だめだとはいいにくいだろう。しかし、それは創業者本人が一番よくわかっているはずだと思う。手塩に育ててきた会社のことを考えれば、たとえ自分の息子といえども、能力の有無ぐらいは的確に判断できるはずだ」

　　「二代目社長に、「次はどうしようか」と聞くと、彼は私の息子を指名した。「こう見渡したら、能力からいって、やっぱりあなたの息子さんしか考えられません」という。それで能力本位に考えて三代目が決まった」

　　「バブルのときなら、二代目のやり方が少々まずくても、番頭さんがしっかりしてくれていたら何とかなるという甘えも許されたかもしれない。だが、今やそんな番頭さんなどいない。そうなってきたら社長の能力が絶対的な要素だから、自然に後

継者には能力的に最適な人を選ぶしかなくなる」

堀場雅夫氏の言葉は、後継者選びは能力の見極めが必要であることを教えてくれます。最近では、社外取締役等の第三者をメンバーにする委員会で選考過程を公表し、指名する事例もあります。また、堀場雅夫氏は以下の言葉も残しています。

「エネルギーがもつのはせいぜい55歳ぐらいまでで、そこから肉体的にも限界を過ぎ、精神的な覇気も攻撃力もなくなってくる。そうなったら60歳くらいまでは第一線に立っている連中をバックアップしてやることで経営者として働いたほうがいい」

「経営者としては60歳が一つの区切りだということだ」

「ワンマン社長の首を切るのは自分しかいない。引退は、あくまでも自分で決めることだ。それが決められないようでは、晩節を汚すことになる。だから自分が最高潮のときにバトンタッチをすることが一番理想的だと思う」

その見極めや判断は、先代社長が年齢を重ねすぎるとむずかしいことを教えてくれます。

オーナー経営者の相続対策

オーナー経営者が考えなければならない相続対策としては、①分割対策、②納税資金対策、③節税対策の３つがあります。

①　分割対策（円滑でもめない事業承継）

a）　株式の後継者への集中の重要性

先にも、株式の分散は、リスクであると述べましたが、後継者が経営に集中できるようになるためには、最低でも過半数の株式、できれば３分の２超の株式を保有したいものです。ほかに支

第５章　事業承継を支援する　177

配株主が存在すれば、いつ解任されるかわかりませんし、他の株主との折合いが悪ければ、派閥争いに発展する可能性もあります。自分がいくら頑張って業績を向上させても、株価の上昇は関係のない株主にまで平等に帰属しますし、何より重要な意思決定に支障が生ずるからです。

現実には、相続が繰り返されることにより、株式が際限なく分散化する傾向が強くなり、まったく経営に関係のない株主が多数存在し、さらに悪意のある株主が現れるリスクが高まってしまいます。

ｂ）　他の相続人への遺留分の配慮

ただし、「後継者への株式集中」と「相続人間の紛争防止」とは相反しがちです。遺留分とは、一定の相続人のために法律上必ず留保されなければならない遺産の一定割合をいい、配偶者や子などの相続人に民法上保障される最低限の資産承継の権利です。後継者に株式を集中させた結果、他の相続人の遺留分を侵害してしまうと、後継者ではない相続人から遺留分減殺請求を受けることが想定されます。そうすると、せっかく承継した自社株式の返還や金銭による弁償が必要になり、後継者への集中が阻害されます。したがって、円滑な事業承継のためには、遺留分に配慮しながら後継者へ株式を集中させることが必要となります。

ｃ）　紛争防止策としての生前贈与・公正証書遺言

生前に何の対策もしないまま現経営者が死亡すると、相続財産の大半が自社株式である場合、遺産分割協議のなかで、後継者が集中的に自社株式を取得することについて、他の相続人の同意を得ることがむずかしくなります。そのような事態を避けるために

は、経営者からの生前贈与、もしくは公正証書遺言の作成が必要となります。

　しかし、この場合でも遺留分を侵害することはできないため、①遺留分の事前放棄、②経営承継円滑化法の民法特例（注）の活用が有効です。特に生前贈与につき、民法特例を利用すれば、贈与された自社株式について、遺留分算定基礎財産から除外することができ、さらには遺留分算定の基礎財産に算入する際の価額を固定することができます。この制度は相続税・贈与税の納税猶予特例の適用の有無にかかわらず利用することが可能なので、生前贈与を行う際には検討してみる価値があります。

（注）　経営承継円滑化法による2つの合意
　　（1）　後継者が取得した株式等の遺留分算定基礎財産から除外する合意……経営承継円滑化法とは、後継者の取得した株式等の全部、または一部を遺留分算定基礎財産から除外することを推定相続人全員の書面による合意により可能としたものです。合意を得るためには、旧代表者が後継者に会社株式を生前贈与しても遺留分を侵害しないことが条件となります。旧代表者から生前贈与により取得した、または、当該贈与を受けた旧代表者の推定相続人から相続・遺贈もしくは贈与により取得した株式等は、その価額を遺留分算定の財産の価額に算入しない制度を設けることが必要です。
　　（2）　遺留分算定基礎財産に参入する株式等の価額を合意時の価額に固定する合意……さらに経営承継円滑化法では、推定相続人全員の書面による合意により、これを合意時の価額に固定することができる旨が定められています。後継者が取得した株式等を遺留分算定基礎財産に算定して計算する場合でも、その価額を相続開始時の価額で評価するのではなく、そ

第5章　事業承継を支援する　179

れ以前の一定の時期の価額に固定することが可能です。

②　納税資金対策

結論からいうと、納税資金に問題がなければ、無理な株式評価減対策や分散対策を実行する必要はまったくありませんし、むしろしてはいけません。なぜなら、会社の財務状況を悪化させ、かつ後継者の支配権を弱めることになるからです。

相続が発生した際に後継者の手元に資金がない場合、延納（年3.6〜5.4％の利子税）を選ばず、会社の資金または銀行からの融資による納税対策をお勧めします。この場合、後継者の返済の原資は、役員報酬の増額または自身の不動産があれば、その売却により充当します。いうまでもなく、銀行からの相続納税資金を利用する場合、銀行には貸付のチャンスが生まれます。後継者が相続等で分散した株式を買い取る場合も、同様の方法が考えられます。

また、金庫株の活用を検討します。相続税の申告期限から３年以内に会社が相続人から金庫株として自己株式を買い取れば、みなし配当規定が適用されずに取得費加算が適用可能となり、効率よく資金を調達することができます。

③　節税対策

自社株対策で具体的な方法については、後述しますが、ここでは、一般的な節税の考え方について説明します。

結論からいいますと、「過度な節税はしないことが大切」。節税を第一とするあまりに、節税を意識しすぎて、会社の存続を危うくする場合があります。

筆者の経験から申しますと、バブル全盛期（平成２年前後）は

株価高騰、地価の上昇で、所有資産価値は日増しに高まり、節税対策ブームが起こりました。持株会社を利用した節税方法がはやりましたが、国税当局から否認を受け、対策を講じた納税者は、法外な追徴金で大きなダメージを受けました。

　節税目的のためとはいえ、経済合理性を欠く取引の排除が国税局の理由で、そのような租税回避行為を除外するために、組織再編税制（合併・分割・適格・不適格）が整備されました。

　節税には、大きく分けて、２つのタイプがあります。

ａ）　支払うべき税金を後に繰り延べる方法（レバリッジドリースの利用・費用の前払い）

ｂ）　税金を減らすためにお金を使う方法（備品購入・保険加入等）
　……過度な節税のためだけにお金を使うと、手元資金が残らず、健全なキャッシュフローとはなりません。企業のミッションは、毎年利益を出して無駄な税金を払わず、適正な納税により発展することを第一義とすることです。

事業承継対策における地域金融機関と会計人の連携

　銀行からみて優良な融資先については、毎年決算書を手にする機会があり、当該会社のオーナー経営者の株式評価額を知ることができるはずです。一方、会計事務所においては、相続税対策の観点から、年110万円の非課税枠を使った暦年贈与に必要な場合に限り株価を算出していました。今後は事業継承を事業継続の観点からみた場合、オーナー経営者は自社の株式評価額を知るのは

第５章　事業承継を支援する　181

当たり前のことであり、顧問の会計人も、日頃から株価の算定を
していないようでは、職務怠慢といわざるをえません。地域金融
機関と会計人はもっと連携して、事業承継についてお手伝いでき
る余地はたくさんあると思います。地域金融機関が関与すること
による事業承継スキームを2つ紹介します。

① 持株会社スキームによる連携

　後継者が持株会社を新たに設立し、持株会社が銀行から融資を
受け、先代経営者の所有する本体企業の株式を買い取ります。次
に持株会社の返済は、本体企業からの配当金（全額益金不算入規
定の適用）にて返済します。この結果、持株会社の株式を後継者
が所有することで、本体企業の経営権を実質確保しながらも、将
来の本体企業の株価上昇リスクからも回避できるという利点があ
ります。また、持株会社の株主を後継者にせず、分散した株式を

図表5－9　持株会社スキームによる連携

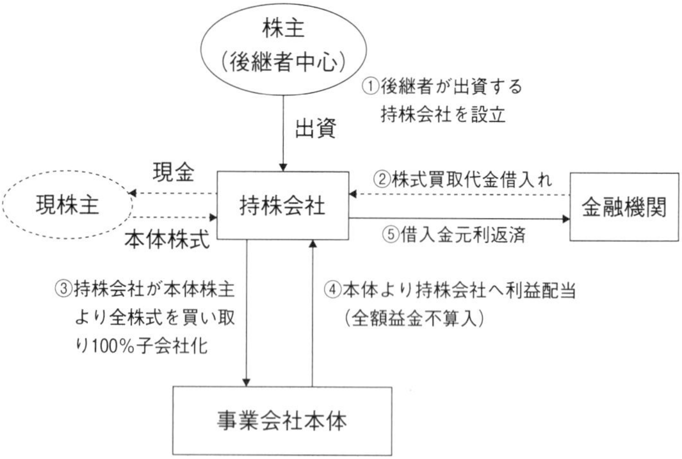

集約させるためにこのスキームを利用する場合もあります（図表
5－9参照）。

②　退職金支給による自社株対策

自社株評価減対策における役員退職金スキームとして、生前に
生命保険に入ることによって行うのが大半ですが、それ以外に
も、銀行からの融資により役員退職金を支給する場合も効果があ
ります。

高収益部門の事業譲渡による事業承継対策（202頁参照）の場合
の、旧会社からの新会社への従業員の転籍に伴う退職金の支給に
ついても、同様の効果があります。

③　一般社団法人を利用した事業承継対策

図表5－10は、一般社団法人を持株会社として利用した、事業
承継スキームのイメージです。先に述べた、持株会社スキームと

図表5－10　一般社団法人スキーム

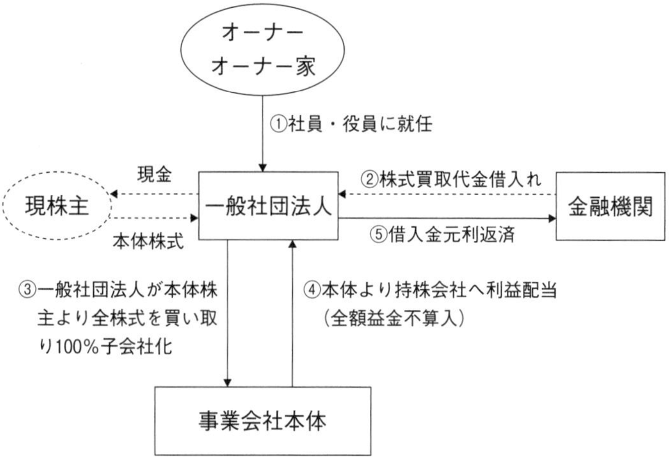

第5章　事業承継を支援する　183

メリット	デメリット（リスク）
・**一般社団法人には、出資持分が存在しないので、持株会社スキームにおける、持株会社株式を相続財産から外すことができる。**	・理事会が特定の者に支配されると、法人運営も支配されてしまう。 ・**一般社団法人が実質的に相続人の財産であるとみなされると、出資持分相当が相続財産と認定されるおそれがある。**

比較するとわかりやすいと思います。

　上の太字は、大きなメリットであり、リスクです。リスクについては現時点で明確な法律がないのですが、今後、規制される可能性も否定できません。以下の項目を満たすことが、リスクコントロールとなりますが、関連する通達や判例等に精通した専門家に相談することをお勧めいたします。

・スキームに経済合理性がある。

・特定の者に特別の利益を与えていない。

・組織運営が適正であり、定款等に役員等のうち親族関係者の割合を3分の1以下とする定めがある。

・定款等に、解散した場合の残余財産が国等に帰属する旨の定めがある

・一般社団法人に、法令に違反する事実、その帳簿書類に隠ぺい・仮装がない。

　先にご紹介した持株会社スキームや納税猶予スキーム、その他のスキームと比較、検討する必要があります。検討の入り口で、考えられるスキームをもらさずにあげ、メリット・デメリット

（リスク）等を検討しながらベストのスキームに近づいていくことが望まれます。

　一般社団法人スキームは、後継者が特定できていない場合、信頼できる理事がそろえられる場合には、より有力なスキームになります。

地域金融機関と会計人の連携ポイント

会計人が以下の支援をする。

→事業承継スキームの構築

→税務リスクのコントロール

→一般社団法人のデザイン設計、設立

→合併、事業譲渡、会社分割等の実行プロジェクトマネジメント

地域金融機関が資金調達を支援する。

使い勝手がよくなった納税猶予制度

　経産省が強く推し進めているのが納税猶予制度です。中小企業の事業承継を考える場合に、負担となっていた自社株を後継者にスムーズに承継する制度です。平成27年1月1日以後、要件が緩和され、利用範囲が広がりました。地域金融機関と会計人がタッグを組んで、地域の中小企業の事業承継を進めやすくなります。

①　贈与税の納税猶予制度とは、贈与によって後継者が取得した自社株式のうち、贈与前から後継者が保有していた株式を含

第5章　事業承継を支援する　185

め、総数の３分の２までの部分について贈与税全額の納税猶予ができることです。

② 相続税の納税猶予制度とは、相続・遺贈によって後継者が取得した自社株式は、相続前から後継者が保有していた株式を含め、総数の３分の２までの部分について課税価格の80％分に対応する相続税の納税猶予ができることです。

③ 納税猶予の主な要件は以下のとおりです。

対象となる会社（贈与・相続共通）

・中小企業である。

・上場企業・風俗営業会社でない。

・「資産保有型会社」「資産運用型会社」でない。

申請期限から５年間（贈与・相続共通）

・事業を継続し、後継者が会社の代表者であること。

・後継者が現経営者の親族でないケースも認められる（従来までは親族に限られていた）。

・雇用の平均80％以上であること（従来５年間各事業年度で80％以上と厳しかった）。

・適用を受けている様式を継続し保有すること。

・事業継続期間中、毎年１回経済産業局および税務署に所定の報告書を提出すること（従来までは、経済産業大臣の事前確認が必要であった）。

・留意事項①……条件さえ整えばメリットの大きい納税猶予（図表５−11参照）ですが、相続税の場合、総数の３分の２までが上限なので、残りの３分の１については、相続が起こるまでに対策が必要なので、金融機関にとっては融資のチャンスが生ま

図表5－11　納税猶予の流れ

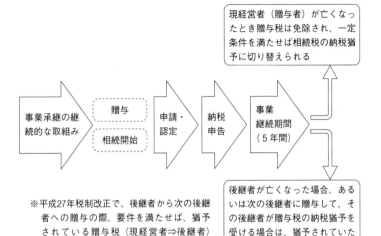

れます。

また、相続時精算課税制度を使う方法もあります。

・留意事項②……納税猶予を受けた後に要件を満たさなくなった場合、猶予された税額および利子税をすべて納付しなければなりません。結論として、納税猶予を利用するのであれば、その後の事業計画を明確に立て、会社の事業を継続していく必要があります。

◆ **非上場株式の納税猶予制度**

図表5－12は、非上場株式の納税猶予制度の流れを示したもの

です。実際に筆者が、本制度の実行支援をした際に感じたポイントは以下のとおりです。

〈ポイント①〉

・先代経営者の気持ちを大切にする。オーナー家で十分に話し合い、機が熟すのを待つ必要がある。機が熟した時にすぐに実行できるように、株価算定、税額シミュレーション、書類の準備、経済産業省との打合せ等はすませておくことが大切。
・贈与時点の株価で、制度が適用できない株式の贈与税・相続税が計算されてしまうので株価引下げ対策をすませ、最も安いタイミングでの実行が望まれる。

〈ポイント②〉

図表5-12 非上場株式の納税猶予制度の流れ

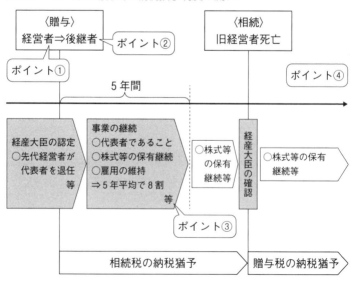

・後継者としてふさわしいのか、オーナー家、取締役会等での合意、後継者教育の期間が必要となる。できるだけ早い時点での事業承継計画の策定が望まれる。

〈ポイント③〉

・5年平均で8割の雇用を維持する必要があるので、人事計画を含めた経営計画の策定が重要。8割の雇用が維持できるか否かは、目標計画ではなく、最も保守的な計画に基づき判断すべき。

・5年の間に、会社分割・合併等の組織再編は必要ないか、経営計画の中で検討が望まれる。

〈ポイント④〉

・あくまで相続税対策にすぎない。他の相続人の遺留分に配慮した分割案の検討（争族対策）、納税資金が不足しないかの検討（納税対策）をバランスよく行う。

・納税資金対策は、納税猶予制度を適用できない株式の納税をもらさずに検討する必要がある。

自社株対策

　オーナー経営者は払込資本金の大部分を所有しているケースがほとんどですから、会社の株式の株価が高額になっている優良な会社の場合は、さまざまな問題が生じます。

　相続が発生した場合、相続税が多額になり、相続税の納税資金の問題があります。また、遺産分割について、遺言書がない場合は法定相続分による遺産分けになりますが、通常は相続人間の話

第5章　事業承継を支援する　189

合いによる「遺産分割協議書」が作成され、分配を決めるケースがほとんどです。ただし、遺産の分配額は「時価」によって配分額を決めますから、相続税評価額とは異なります。

たとえば、後継者の財産は自社株のみになり、自宅や工場土地等の不動産もなく、他の兄弟の所有になってしまいますと、代表者としての個人保証の信用力が大きく低下してしまいます。相続税の納税資金のため、後継者からの自社株の買取資金または貸付金による現預金の流出が大きくなり、会社の財務状態が著しく悪くなることもあります。

以上のような弊害をなくすために、生前から自社株対策が必要になります。以下、代表的な自社株対策について説明します。

① 贈与による自社株対策

株式（経営権）を確実に長期的に移動させる方法として、贈与があります。将来の後継者に株を贈与すれば、後継者としてのモチベーションの高揚も期待できます。

a）　自社株贈与のメリット

贈与は株式会社・有限会社にかかわらず、どんな会社形態でも実行できるうえに、基礎控除の範囲（贈与価額が110万円）までは無税で贈与が可能です。毎年贈与を繰り返すと（連年贈与）、短期間の効果としては薄くなりますが、長年かかって確実に自社株を移動させることができます。

b）　自社株贈与の注意点

贈与税対策といっても、むやみに多数の親族に贈与することはやめましょう。前述のとおり後継者以外に株が分散すると経営に関係ない人まで株主となります。自社株評価が高くなった際に株

190　Ⅱ　中小企業向けサービス

の買取請求が起こるなど、事業承継の妨げとなります。

次に贈与税の額を検討しますが、株価の評価は贈与があった後の状態で判断されます。相続や贈与より前に自社株対策をする場合は、相続・贈与が発生した後を想定して行うことが大切です。さらに評価は時期によっても変化するので、適切な時期を見極めます。たとえば、次の決算期の前の贈与と、決算期を過ぎてからの贈与とでは、株価の算定基準が異なります。類似業種比準価額の基準とする数値が、前期と当期のどちらが有利かよく判断してから贈与する必要があります。

c) 自社株贈与の手続

自社株を贈与する際、下記のような手続が必要です。うっかり失念すると贈与自体が否認される可能性もあります。

ⅰ 贈与契約書を2通作成し、贈与者と贈与を受ける者とが1通ずつ保管。

ⅱ 譲渡制限がある会社（ほとんどの未公開会社）の場合は、贈与の場合も譲渡承認が必要。贈与をする人が会社に譲渡承認申請書を提出する。

ⅲ 株主から譲渡承認申請書の提出があれば、会社は取締役会を開催し、その承認を行う。承認の事実を取締役会議事録として記録する。

② **売買による自社株対策**

贈与による自社株対策は、a）であげたような効果はありますが時間がかかります。一方で比較的時間をかけずに株を移転させる方法が売買です。同族会社のような未公開株式は将来の上昇をねらって、早目に売買するのも1つの方法です。

第5章 事業承継を支援する　191

a） 自社株売買のメリット

　贈与とは異なり、売買により株数は減少しても、対価として現預金が増加するので財産総額が減少しません。さらに、自社株の場合は経営計画の内容によって価格の将来性が予見しやすいので、評価が低いうちに株式を売却して後継者に経営を移行することができます。ただし株式売買の際には、買う側の後継者に資金が必要です。

b） 自社株売買の注意点

　税務の点からみると、贈与は受けた人に贈与税が発生しますが、売買の場合は売った人に所得税が発生します。さらに個人株主が株式を売却する場合は、確定申告をしなければなりません。ただし、申告分離課税の方法で申告するので他の所得とは合算できません。2つ以上の銘柄を売却する場合は、売却による利益と損失を通算することは可能です。なお、株式売買の手続は完璧に行わないと、税務上の否認を受けるおそれがあるので細心の注意が必要です。

c） 自社株売買の手続

　同族会社などの自社株対策として未公開株式を売買する場合は、税務上の否認を受けないように、下記の契約書等の作成・保管をしっかり行います。さらに念を入れて、株の売買代金は銀行の預金口座を通して振り込み、売買契約書については公証人役場で確定日付をとるのも効果的です。

　i　有価証券売買契約書は2通作成し、売った側と買った側でそれぞれ1通ずつ保管する。

　ii　譲渡制限のある会社は、株式を売却する場合に株式の譲渡

承認が必要なので、売る側が会社に譲渡承認申請書を提出する。

ⅲ　株主から譲渡承認申請書が提出されたら、会社は取締役会を開催してその承認を行い、取締役会議事録を作成する。

　取引相場のない株式を評価する場合は、財産評価基本通達において一律に処理するものとされています（図表5－14、図表5－15参照）。この税務上の価額で売買されることが一般的です。通達は、だれが所有している株式をだれに売るかによって以下の4パターンに分けており、それぞれ時価が異なります。

ⅰ）　個人所有の株式を個人に売却する。

ⅱ）　個人所有の株式を会社に売却する。

ⅲ）　会社所有の株式を個人に売却する。

ⅳ）　会社所有の株式を会社に売却する。

③　第三者割当増資による純資産価額引下げ対策

　第三者割当増資とは既存の株主以外の第三者または既存の株主のうちの特定の者に対して新株を割り当てる増資をいいます。ここでいう第三者とは、特定の取引先や金融機関、従業員持株会を指し、新株発行価額は時価が原則です。

a）　第三者割当増資のメリット

　相続税の株式評価は同族株主が取得した株式については類似業種比準方式や純資産価額方式、あるいはこれらの併用方式により評価し、同族株主以外の株主が取得した株式については配当還元価額方式で評価します。支配権に影響のない従業員等に配当還元価額で第三者割当増資を行っても税務上の問題は発生しません。従業員持株会等への第三者割当増資には、株式数を増やして純資

第5章　事業承継を支援する　193

産価額を引き下げる効果があります（従業員持株会を利用した自社株対策については後述します）。

　配当還元価額は、配当を基準とした低い価額なので、支配権を有しない少数株主に配当還元価額で第三者割当増資をすれば、資産を大きく増やすことなく株式総数を増やすことが可能で、1株当りの純資産価額を下げることができます。この対策は増資が完了した時点で効果を発揮するので、相続税直前対策としても効果的です（図表5－13参照）。

　また、後継者への自社株の持分移転は株式譲渡が一般的ですが、株式を譲渡すると譲渡所得税が生じます。これに対して増資による場合は株式の譲渡を伴わないため、税負担が生じることはありません。税負担なく株式持分を移転させる方策としても第三者割当増資は有効です。

ｂ）　第三者割当増資の注意点

　相続対策に重きを置いて増資した結果、資本金が1億円を超えると、中小企業ではなくなり、次のような中小企業優遇措置が受けられなくなります。

　ⅰ　交際費は年間800万円までは損金算入
　ⅱ　法人税の税率軽減は所得800万円以下の部分は15％に軽減
　ⅲ　中小企業者等が機械等を取得した場合等の特別償却等

　つまり、相続対策のための増資によって、会社の法人税負担が増すことになるので、個人・法人の両面から自社株対策の是非を検討する必要があります。

図表5−13 第三者割当増資による相続税評価額の下落効果試算

従業員に対して配当還元価額（500円）で2万株増資を実行。
類似業種比準価額より純資産価額が低いものと仮定します。

	現　状	第三者割当増資後
発行済株数	100,000株	120,000株
資本金	50,000千円	60,000千円
時価純資産額	200,000千円	210,000千円
オーナー所有株	100,000株	100,000株
1株当り評価	2,000円	1,750円

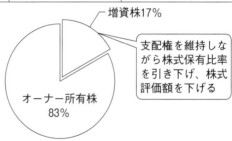

④　役員退職金を活用した自社株対策

　創業社長が後継者に事業を引き継ぎ、社内外に円満交代を説明し終えても、これで事業承継が完結したわけではありません。次期社長も決まり、事業が発展すればするほど好業績が株価に反映され、資産の含み益があればよりいっそう自社株の評価は高くなります。

　創業社長が所有している自社株は相続財産として課税されるので、何の対策もせずに保有していると会社の財務に重い負担が及ぶことがあります。自社株を後継者に税負担なく引き継ぐことが

第5章　事業承継を支援する　195

図表5−14 株式評価の方法

会社の規模によって評価方法が異なります。まず、当該企業がどの区分に該当するかを判断します。

会社規模の判定表

会社規模		従業員数	総資産価額（帳簿価額）			取引金額		
			卸売業	小売・サービス業	左記以外	卸売業	小売・サービス業	左記以外
大会社		100人以上						
		50人超	20億円以上	10億円以上		80億円以上	20億円以上	
中会社	大	100人未満	14億円以上	7億円以上		50億円以上	12億円以上	14億円以上
	中	30人超50人以下	7億円以上	4億円以上		25億円以上	6億円以上	7億円以上
	小	5人超30人以下	7,000万円以上	4,000万円以上	5,000万円以上	2億円以上	6,000万円以上	8,000万円以上
小会社		5人以下	7,000万円未満	4,000万円未満	5,000万円未満	2億円未満	6,000万円未満	8,000万円未満

いずれか下の区分

いずれか上の区分

評価方法は

会社区分	評価方法（原則的方法）
大会社	・類似業種比準価額方式 ・純資産価額方式　　　　　　　　　　　　いずれか低いほう
中会社	・類似業種比準価額と純資産価額の併用方式 大　類似業種比準価額× 0.90 ＋純資産価額×0.10 中　類似業種比準価額× 0.75 ＋純資産価額×0.25 小　類似業種比準価額× 0.60 ＋純資産価額×0.40
小会社	・純資産価額方式 ・類似業種比準価額　×　 0.50 　＋　純資産価額　×0.50 　　　　　　　　　　　　　　　　　　　いずれか低いほう

創業社長の最後の仕事となります。

a) 生前に役員退職金を支給する場合

永年会社に貢献した創業社長への労苦をねぎらい、そのうえ株価を大きく下げる効果として役員退職金があります。多額の役員退職金を支払うと会社の利益や留保資金が減り、純資産価額・類似業種比準価額ともに評価が下がります。

〈留意点〉

　i　実質的に引退をする

　　・退職金を支払った後の報酬が現役時の半分以下であること

　　・経営権、代表権を握らないこと

　ii　役員退職金が過大にならないこと（過大分は法人税上否認される）

　　・最終月額報酬×役員勤続年数×功績倍率（計算式）

　iii　役員退職金規定に基づき所定の手続をとる（議事録の作成が必要）

b) 死亡退職金を支給する場合

退職金を支給すると生前でも死亡時でも自社株評価を下げる要因となるため、自社株対策として活用できます。その場合、まず代表権のある社長・会長職を退任する時に支給し、次に非常勤の顧問や監査役に就任後死亡時に支給する（従来の役員報酬の2分の1以下の報酬であることが条件）の2回活用すると個人・法人いずれにとってもさらに有利になります。

会社から支給される退職金は「みなし相続財産」として相続税の課税対象となりますが、死亡退職金は、法定相続人1人当り500万円の金額までは非課税扱いです。

第5章　事業承継を支援する　197

図表5-15 計算方法

《計算方法》

【類似業種比準価額方式】

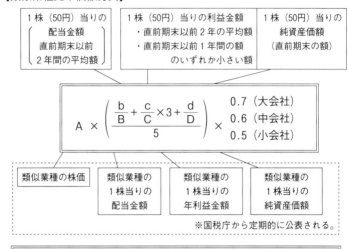

```
配 当：過去2年の平均。配当0は2年続いて「0」が要件。
利 益：「非経常的な利益」（固定資産売却益、保険差益など）は
　　　　除く。
　⇒『レバレッジドリースの利益』等の予想できる特別利益は控
　　除しない
純資産：資本金+資本積立金+利益積立金（税法上の純資産）
　⇒評価損計上で小さくすることはできない。実損の発生が必要
```

> 1株当りの
> 利益の要素×3が重要ポイント！

500万円×法定相続人の数（ただし、生命保険金の非課税枠は別枠。法定相続人の数は相続の放棄がなかったものとして計算）

【純資産価額方式】

$$\frac{総資産価額（相続税評価）-負債の合計-\left(\begin{array}{c}純資産価額\\(相続税評価)\end{array}-\begin{array}{c}純資産価額\\(帳簿価額)\end{array}\right)\times 38\%}{発行済株式総数（自己株式を除く）}$$

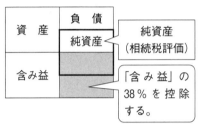

※評価損は『含み損』OK
※退職金債務など、現在の債務でないものは控除できない。

●同族グループの持株割合が50％未満の場合
　評価額＝上記算出額×80％

【参考：配当還元方式】

過去２年間の配当金額を10％の利益で還元して、元本である株式の価額を求めます。

$$\frac{その株式に係る年配当金額（注）}{10\%} \times \frac{その株式１株当りの資本金の額}{50円}$$

(注)　年配当金額＝$\frac{直前２年間の配当額（継続的なもののみ）の平均額}{発行済株式総数}$

　　　　　→２円50銭未満または無配当の場合→<u>２円50銭とする。</u>

配当還元価額＞原則的評価方法で計算した価額の場合：
　⇒原則的評価方法によることができます。

また、弔慰金にも次のような非課税枠があります。

・業務上の死亡の場合……最終報酬月額の36カ月分

第５章　事業承継を支援する

図表5－16　会社規模拡大による自社株評価引下げスキーム

通常、内部留保が多い中小企業では、次のような株価の関係になります。

$$\boxed{\text{類似業種比準価額＜純資産価額}}$$

<u>「類似業種比準価額」の割合が大きくなればなるほど
株価は低くなります。</u>

【例】　類似業種比準価額：1,000円　　純資産価額：20,000円の会社の場合

会社規模	評　価	株　価
大会社	類似業種比準価額	1,000円
中会社（大）	類似業種比準価額×0.90＋純資産価額×0.10	2,900円
（中）	類似業種比準価額×0.75＋純資産価額×0.25	5,750円
（小）	類似業種比準価額×0.60＋純資産価額×0.40	8,600円
小会社	類似業種比準価額×0.50＋純資産価額×0.50	10,500円

★会社規模の判定は、「売上げ」「従業員数」
「総資産（帳簿価額）」による。

しかし、「売上げ」「従業員数」は簡単には大きくできない。

『総資産（帳簿価額）』を大きくする。

総資産を増やす方法
● 「総資産」を増やす方法（例）⇨借入金で設備等に投資

【例】 自社株の評価減

```
A社：小売業　従業員55人、総資産6億円、売上高10億円→ 『中会社の中』
          ↓　借入金2億円で設備等に投資すると……
    小売業　従業員55人、総資産8億円、売上高10億円→ 『中会社の大』
```

【会社規模の判定表】

会社規模	従業員数	総資産価額（帳簿価額）			取引金額		
		卸売業	小売・サービス業	左記以外	卸売業	小売・サービス業	左記以外
大会社	100人以上						
	50人超100人未満	20億円以上	10億円以上		80億円以上	20億円以上	
中会社 大		14億円以上	7億円以上		50億円以上	12億円以上	14億円以上
中会社 中	30人超50人以下	7億円以上	4億円以上		25億円以上	6億円以上	7億円以上
中会社 小	5人超30人以下	7,000万円以上	4,000万円以上	5,000万円以上	2億円以上	6,000万円以上	8,000万円以上
小会社	5人以下	7,000万円未満	4,000万円未満	5,000万円未満	2億円未満	6,000万円未満	8,000万円未満

①いずれか下の区分

②いずれか上の区分

☆会社規模が大きくなって、株価が下がった‼

・業務上以外の死亡の場合……最終報酬月額の6カ月分

一方、法人税法上、退職金は損金算入と損金不算入になる部分とに分かれます。退職した役員に対して支払った退職給与の額のうち、不相当に高額な部分の金額は損金算入されないので注意が必要です。役員功労実績に見合った退職金の支給をする必要があります。

⑤　会社規模拡大による自社株評価の引下げ

会社の規模を大きくすることにより、自社株の評価が下がります（図表5－16参照）。

⑥　高収益部門の事業譲渡（図表5－17参照）

a）　事業譲渡による自社株評価額の引下げ

後継者に新会社を設立させ、既存会社の高収益事業部門を事業譲渡する方法により、事業承継対策になることがあります。中小同族企業において、業績がよくなれば利益が計上されて内部留保

図表5－17　事業譲渡による自社株評価額引き下げスキーム

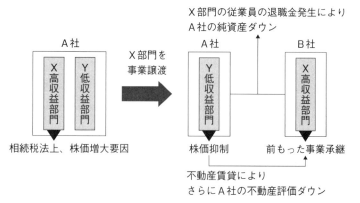

が厚くなり、その結果オーナー社長の相続税対策が必要となります。特に、類似業種比準価額方式によれば、「利益」は「配当」、「純資産」に比べて3倍の影響を与えるので、利益を下げることが、株式評価額を下げることになります。

高収益部門を新会社に移すことにより、今後の利益は新会社に蓄積され、生前に事業承継したかたちになります。旧会社の収益性は落ちるので、今後の自社株評価額の増大を懸念する必要はなくなります。

b） 人員の転籍

旧会社から新会社へ従業員を転籍させる場合は、いったん旧会社で退職金の支給が必要なので、それらも旧会社の株価を下げる要因になります。また、新設会社において、退職金債務の問題を回避するため、退職金制度のない新しい報酬制度へ移行することも考えられます。

c） 旧会社から新会社への資産の賃貸

事業譲渡によれば、資産の移転は時価で課税されてしまうので、資産は旧会社に残しておくのが有利です。この旧会社に残した資産（不動産）を新会社に賃貸することにより、土地は貸家建付地、建物は貸家評価になり、旧会社の株価評価が下がります。

d） 事業譲渡における注意点

〈事業譲渡会社側〉

i 取締役会設置会社においては事業譲渡契約に関し取締役会の決議が必要となる。

ii 事業の全部、または事業の重要な一部を譲渡する場合には、株主総会の特別決議が必要となる。ただし、事業の一部

第5章 事業承継を支援する 203

の譲渡であっても、譲渡資産の帳簿価額が譲渡会社の総資産額の20％以下の場合には、株主総会の決議は不要。

iii 事業譲渡に伴い従業員が移籍する場合は、いったん退職させた後に再度新会社で雇用することになるため、従業員との個別合意が必要となる。

iv 事業譲渡の承認に係る株主総会において、その事業譲渡契約に反対の株主等については株式買取請求権が認められる。

v 事業譲渡対価の算定にあたっては、営業権の評価を加味して算定する。

〈事業譲受会社側〉

i 譲り受ける資産の規模、また年間取引高が一定額を超える事業の重要部分等を譲り受ける場合は、あらかじめ公正取引委員会に届けを提出しなければならない。

ii 取締役会設置会社においては事業譲渡契約に関しての取締役会で決議する必要がある。

iii 他の会社の事業全部の譲受けの際は株主総会の特別決議が必要。事業の一部を譲り受ける際は、株主総会決議は不要となる。

iv 会社設立後2年以内に設立前から存在する財産を取得する場合は、事後設立に該当する。そのため、取得する財産の対価として交付される財産の帳簿価額の合計額が、純資産額の20％超以上ならば株主総会の特別決議が必要となる。

v 事業譲渡は自動的に譲受会社に許認可が移転しないため、事業によっては新たに許認可を取得する必要がある。

vi 引継ぎ資産が不動産の場合には、不動産取得税、登録免許

税等の附帯費用がかかるため、あらかじめ資金計画に組み込む必要がある。

vii　事業譲渡は会社分割と異なり消費税の課税対象となるため、譲受資産に対し多額の消費税を支払うケースが多い。免税事業者や簡易課税適用事業者の場合はあえて課税事業者となり、原則的課税方式を選択し、消費税の還付手続をとることも検討するとよい。

⑦　**自社株評価引下げのための会社分割**

a ）　遊休不動産の分離のための会社分割

本業に必要な土地・建物は長年保有していることから含み益がある場合が多い半面、バブル期に投資した本業とまったく関係ない不動産は大きな含み損が生じていることが少なくありません。金融機関の不良債権処理の促進、事業再生（資産査定のランクアップ）や不良部分の分離等の要請から、会社分割が利用されることがあります。

b ）　相続税対策として会社分割

a ）のように含み損が大きい資産を分離することによって、自社株の評価額が下がるケースがあります。純資産価額の評価は、相続税評価額による純資産価額と帳簿価額による純資産価額の差額（含み益）の38％を純資産価額から控除することとされています。しかし、含み益のある資産と含み損のある資産がある場合は、これらが相殺されてしまい、高い株価になります（図表5－18参照）。

⑧　**同族会社に対する貸付金の資本金振替え**

同族会社では資金繰りのために、社長が個人的資金を会社に貸

第5章　事業承継を支援する　205

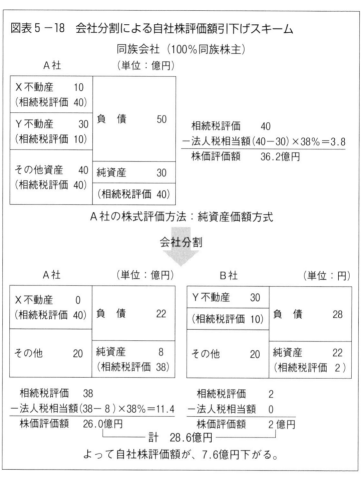

し付けていることがよくあります。同族会社への貸付金は、社長に万が一のことが起こった場合、相続財産に含まれ、相続税の課税対象となるので、相続財産から外しておく必要があります。方法としては、貸付金を資本金に振り替える第三者割当増資と債権

放棄があります。税務上の繰越欠損金がない会社は第三者割当増資、繰越欠損金がある会社は債権放棄が有利となります。

貸付金を資本金に振り替える（第三者割当増資）際には、譲渡制限のある会社では株主総会の特別決議が必要です。また、増資額は株式の時価を算出して、その額で増資します。支配的株主にとっての増資や譲渡に対する株式の評価は、相続税評価を基本に次の3つの条件を加味します。

ⅰ 中心的な同族株主に該当する場合、会社規模は小会社（Lの割合0.5としてもよい）として評価する。

ⅱ 純資産価額の計算上、会社所有の土地・上場株式は時価評価する。

ⅲ 純資産価額の計算上、評価差額（含み益）に対する法人税等相当額（38%）の控除はしない。

ところで、法人に貸し付けている資金を法人の資本金の増資に振り替えることは、現物出資の扱いになります。現物出資時の株価は相続税評価額と異なり、純資産価額を基準とするため比較的高くなります。さらに増資するときも時価で株式を取得するので、原則的には相続時の相続税評価額より高い価額で引き受けることが多くなります。

逆に相続が発生すると、会社規模に応じた相続税評価方法で評価するので、増資した金額よりは評価は下がります。

増資前は、会社への貸付金としてそのままの評価ですが、増資後は非上場株式に変わるので、相続税対策の効果は十分あります。会社にとっても資本金が増えることで財務基盤が充実し、自社株対策としては効果的です。

第5章 事業承継を支援する 207

会社に対する金銭債権の現物出資を行った場合、従来は原則として検査役の検査が必要とされていました。しかし、会社法施行後の会社は、その債権の履行期が到来しており、検査役の検査は不要です。

⑨　従業員持株会の活用

従業員持株会を設立して自社株を譲渡・贈与する方法が事業承継対策にも相続対策にも有効です。

ａ）　従業員持株会活用のメリットとデメリット

従業員持株制度は、会社が従業員になんらかの便宜を与えて、自社株を保有させる制度です。経営への参画意識をもたせることができ、相続税対策にも効果があります。経営権に影響を及ぼさない程度の株数を従業員持株会に譲渡または贈与することで、株式を社外に流出させずにオーナーの相続財産を減らすことができ

図表 5 −19　従業員持株会活用のメリットとデメリット

《メリット》	《デメリット》
a　資金調達の一手法 b　従業員にとっての財産形成の援助（福利厚生制度） c　将来の株式公開時の安定株主として期待できる d　従業員のモチベーションを高める e　オーナーの事業承継対策・相続税対策に有効	a　株主関係が悪化すると経営に亀裂が生じる b　株式市場がないため、換金性に乏しい c　公開に向けた資本政策の制約条件となる可能性がある d　従業員持株会からオーナー一族が買い戻す場合、原則的な評価方法で買い戻さなければ贈与税が生ずる可能性がある

ます。一方で、思わぬトラブルの原因になることがあります。顧客である経営者に、図表 5 –19にあげたような従業員持株会活用のメリット・デメリットをよく理解してもらいましょう。

b） 従業員持株会設立の手続

　i　オーナー所有株式のうち、経営権に影響のない株式については配当優先株として、無議決権株式化する。

　ii　会社定款に株式の譲渡制限がない場合は、譲渡制限規定を設ける。

　　→自社株が勝手に従業員から第三者へ譲渡されるのを防ぐ。

　iii　従業員持株会の規約を作成。従業員が退職する場合、持株会またはその指定する者へ持株を譲渡する旨と買取価格の算定方法を明記する。

c） 従業員から買い取る場合の留意点

　i　退職する従業員から買い取る場合……従業員株主と買取価格をめぐるトラブルを避けるために、従業員持株会規約のなかに買取価格を明記する。

　ii　オーナー一族が買い取る場合……オーナー一族が買い取る場合は、税務上の時価は財産評価基本通達による原則的評価方法で算出するので株価は非常に高くなる。従業員からの買い取り価格がこの金額より低いときはオーナー一族が贈与を受けたことになり、贈与税が発生するので注意を要する。

　iii　会社が自己株として買い取る場合……会社法の施行により、会社も自己株式の取得が可能になった（金庫株）。退職する従業員から会社が買い取り、自己株式とした後に持株会の他の従業員に売却する。従業員の場合、税務上の時価は配

第 5 章　事業承継を支援する　209

当還元価額である。

⑩ 持株会社を活用した自社株対策

a) 持株会社とは

持株会社とは、個人株主の所有する株式を個人にかわって所有する会社です。

持株会社には、株式保有のみで小規模の賃貸業等を除き事業をほとんど行わない純粋持株会社と、新事業を担当または本体事業の一部を分社する事業持株会社があります（図表5−20参照）。

図表5−20　持株会社の構造

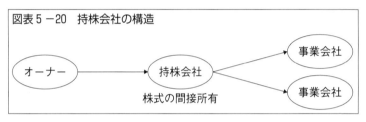

b) 持株会社の相続税対策上の効果

持株会社を活用することで、図表5−21のような、相続税対策上の効果があります。

図表5−21　持株会社の増続税対策上の効果

	目的適合性	株式対策による効果
評価引下げ	◎	・利益蓄積の含み益38％控除による株価上昇抑制効果 ・持株会社への譲渡による評価固定効果 ・株式保有特定会社化を避けることによって株価抑制対策を実施
株数減少	◎	オーナー所有株の持株会社への譲渡
納税資金	◎	持株会社への譲渡による自社株資金化

ⅰ 株式評価に対する効果（純資産価額）……持株会社は、一般的に株式保有特定会社に該当し、純資産価額評価が強制されます。事業会社の利益蓄積による株価上昇は、持株会社保有株式の含み益となりますが、純資産価額算定上含み益に対する38％控除が適用される結果、株価上昇が約6割に抑制されます。

ⅱ 持株会社の株式評価に対する効果（類似業種比準価額）……持株会社を事業持株会社にすることにより、株式保有特定会社に該当しなくなった場合には、持株会社の評価に類似業種比準価額を評価要素にすることができます。この場合、持株会社の事業利益によっては持株会社の評価を引き下げることが可能です。さらに、事業持株会社が大会社になれば、保有する本体事業会社の株式評価の影響を排除することも可能となります。

ⅲ 自社株譲渡による株式評価固定効果……自社株を持株会社に譲渡することにより株式は現金化し、その後は現金が相続対象資産となります。したがって、今後の株式評価上昇による影響を受けないので、将来の株価評価上昇を避け、現時点の評価額に固定する効果があります。

ただし、譲渡価額の算定には法人税法上の時価が要請され、含み益に対する38％控除も認められないため、含み益が相当ある場合には相続税原則的評価額を大きく上回る場合があります。

c) 持株会社の株主を後継者にすることによる効果

持株会社の株主構成を設立当初から後継者にすることは可能で

す。この場合、将来の株価上昇による相続財産への影響がありません。

　また、持株会社株式は相続対象ではないので、持株会社保有の事業会社株に関して後継者への財産分割もそこで確定します。後継者間での株式承継に伴う争いを未然に防ぐ効果が期待できます。

d)　資金準備に対する効果

　自社株を持株会社に譲渡することによりオーナー所有株の現金化が図れます。もちろん、持株会社の資金調達力・返済原資が必要ですが、現金化によって納税資金準備・財産分割資金の確保が可能となります。

　以上、自社株対策スキームとして代表的なものを記述してきました。従来、都銀その他信託銀行では、事業承継対策業務については、内部に専門部署を設置して、顧客に提案業務を行っていました。事業継承の相談とあわせて、税務に関する相談を受けることも少なくないと思いますが、対応次第では税理士法2条1項三における「税務相談」に該当するおそれがあるので注意を要します。単に仮定の事例に基づいた計算や一般的な方法の解釈などは、税理士業務としての税務相談に該当しませんが、特定の相談者の税額に該当する部分について、銀行の担当者が単独で行う相談業務は非税理士行為に当たり、税理士法違反となります（国税庁総務課）。

　今後地域金融機関としても、第1章で述べた自行と相性のよい税理士と共同で事業承継・相続税対策業務を行うことが望まれま

す。事業承継対策の相談を受けた場合は、ほとんどのケースが10年以上の時間をかけて、社長と後継者との対話を重ね、双方のニーズを引き出しながら、次世代へ引き継いでいきます。年月を経ての相談案件ですから会計事務所側も所長や経験豊富な社員と若手社員のダブル担当で、どのような時代の変化にも対応できるよう心がけることが大切です。

第6章

企業再生・廃業を支援する

再生計画策定の数値基準

　中小企業再生支援協議会における、再生の土俵にのるための数値基準を理解・把握しておくと、再生計画を検討する場合の一定の目安になります。

① 実質的に債務超過である場合は、再生計画成立後、最初に到来する事業年度開始の日から5年以内をメドに実質的な債務超過を解消する内容とする。

② 経常利益が赤字である場合は、再生計画成立後、最初に到来する事業年度開始の日からおおむね3年以内をメドに黒字に転換する内容とする。

③ 再生計画の終了年度（原則として実質的な債務超過を解消する年度）における有利子負債の対キャッシュフロー比率がおおむね10倍以下となる内容とする。

地域金融機関からDDを担当する会計人への指摘

　以下は、地域金融機関からDDを担当する会計人によくなされる指摘です。経営改善計画書は金融機関の合意を得ることが目的なので、こうした指摘は企業の経営改善を成し遂げる、という共通の目的をもった健全な対話の一環といえます。

「取引先ごとの売上粗利実績、部門ごとの売上粗利実績、過去の投資状況等の問題点をふまえたうえで深掘りの必要があります」

「受注から発注までの流れを記載し、ビジネスモデルの強みがわかるようにしてください」

「利益・原価管理は現状どのように行われていますか」

「計画に記載されている目標数値の根拠を明らかにしてください」

「どんなによい内容の経営改善計画でも経営者にやる気がなければ成功しません。経営者の意識改革をお願いします」

「計画の実行段階では気が抜けてしまう経営者も多い。あくまで企業の経営改善が目的なので、月次モニタリングをよろしくお願いします」

　会社のビジネスモデル、管理会計を理解し、PDCA サイクルを中心としたガバナンスの構築支援が必要不可欠です。

経営改善計画の例

　図表6-1は、当事務所が再生に携わった、ある中小企業の経営改善計画からの抜粋です。コーポレートガバナンス・コードを参照するとこれからは、中小企業でも、以下のような具体的行動計画を加えるのが望ましいでしょう。

・役員報酬決定プロセスの透明化

・経営会議と取締役会の役割を明確化、経営会議で日常業務執行を議論、取締役会で中長期経営戦略を議論

・社外取締役の導入

・関連当事者取引の開示についてのルールづけ

・経営理念の策定とその浸透

図表6-1　経営改善計画書からの抜粋

［会社の業種］
検査装置製造業
［会社規模］
売上げ5億円（そのうち90％が特定の大手得意先）
昭和29年設立
簿価総資産8億円
簿価純資産△2億円
時価純資産△6億円（棚卸資産評価損、減価償却不足、退職給付引当金の計上不足、不動産含み損等）
［会社の現況］
①外部環境
・得意先○○○の海外進出により受注減少が続き、○○部門の売上げが下落したが、撤退の意思決定が遅れた。
・特定の大手得意先に過度に依存しているため、得意先との交渉力が弱く、交際費が多額になっていた。
②内部環境
・部門別、得意先別採算が把握できていないため、不採算部門からの撤退が遅れた。
・特定の大手得意先に過度に依存しているため、社長以外に営業活動を行える人材、部署が存在しない。
・設備投資資金、運転資金を確保するために過度になった借入金の元利返済ができていない。継続的に営業CFがマイナス。
・債務超過であるにもかかわらず、役員報酬の削減が遅れた。
・先代社長と懇意にしている仕入先と価格交渉を行っていなかった。
・実質的に取締役会が開催されておらず、経営会議も報告だけで形骸化していた。

　いずれも、会社の持続的な成長を目指せば、必要なことと思われます。また、KPIとして、特定得意先依存率、交際費比率を目標設定し、モニタリングしてもよいと思います。

ともあれ、できるだけ早期に経営改善に取り組むことが、企業
にとっても、社会にとっても望ましいことであることは論を待ち
ません。図表6－1の事例は、経営改善に着手することが遅れた
事例です。時価で6億円の債務超過、継続的に営業キャッシュフ
ローはマイナス、過剰になった借入金の元利返済もままならない
状態でした。このような状態になる前に、「稼ぐ力」を再生さ
せ、安定成長できる仕組みの構築が理想です。それでは、どうす
れば早く着手できたのでしょうか。

・部門別、得意先別採算が把握できていなかったために不採算部
　門からの撤退が遅れた。意思決定に有用な管理会計を導入し、
　継続的な議論と果断な意思決定を促すべきであった。
・実質的に取締役会が開催されておらず、経営会議も報告だけで
　形骸化していた。継続的な議論と果断な意思決定を行う場とし
　て、取締役会・経営会議を運営すべきだった。

　また、この事例の経営計画書は先代社長が悪化させた会社を立
ち直らせるべく、息子である後継者が中心になって作成したもの
です。社長交代の遅れが経営改善の着手を遅らせた可能性も否定
できません。

　経営改善計画書は、中長期的な経営改善と借入金返済が目的で
あり、「稼ぐ力」が再生・維持できることを説明しなければなり
ません。そのためには中長期的な数値計画、実態の貸借対照表と
いった財務情報と、外部・内部の環境分析、窮境原因の分析と除
去可能性、ビジネスモデル、具体的行動計画といった非財務情報
が必要になります。

第6章　企業再生・廃業を支援する　219

統合報告書と経営改善計画書

　上場企業を中心に、財務情報と非財務情報をあわせた統合報告が行われています。国際統合報告評議会（IFRC）でその国際標準化の検討が進められています。

　一方、一部の中小企業が作成している経営改善計画書も、財務情報と非財務情報が記載されており、どちらも中長期的で持続的な成長を目的としているため、共通の記載事項も多くあります。しかし、中小企業の経営改善計画書には、経営理念やコーポレートガバナンスに関する記載がありませんので、今後は、記載が望まれますし、必要となるかもしれません。

　統合報告が進む背景には、中長期の将来予測情報として、非財務情報が大変重要だとする投資家の考えがあります。会社を１本の木に見立てると、過去の財務情報は、これまで会社が成長してきた結果の、土の上に出ている枝葉の部分ですが、これはすんだことなので、だれがみても同じにみえます。しかし、それだけみていても、これから会社がどうなっていくかは、土の中に埋まっている根っこの部分をみないとよくわかりません。その木がどのぐらいの成長性や価値があるのかは、根っこの部分の判断で変わってきます。投資家が非財務情報に強い関心を示すのは、この地中にある部分、会社の成長性や企業価値と密接に関連する根っこの部分に、この非財務情報が当たるのではないかということで、投資判断に重要な影響を与えるという認識が広まってきたからです。

220　Ⅱ　中小企業向けサービス

また、経営者にとっても、実際の事業活動に直面する課題に対して対処していくためには、短期では当然解決できる問題だけではないので、中期、長期の視点に立って将来ビジョンを描かなければなりません。現時点で経営改善計画書を作成していない中小企業の経営者にとって、経営改善計画書も上場企業の統合報告書も一定の参考になると思われます。そして、地域金融機関と会計人がそれらの作成を促したり、作成を支援することは、重要な役割であり使命であると思います。

> **地域金融機関と会計人の連携ポイント**
>
> 企業の安定成長のために、中長期的な視点に立った財務情報、非財務情報の開示を連携して促す、支援する。具体的には経営改善計画書や統合報告書が参考になる。

廃業のベストタイミング

　財務数値面からは、3期連続の赤字となったような場合には廃業のシナリオを検討し始めることが必要です。廃業には経営者の人生観等の心理面の締める部分も大きく、このことが廃業の決断を遅らせる一因になっています。また、廃業の決断が遅れるほかのケースとしては、現状の債務超過で廃業したときには周囲に迷惑をかけるので、資産超過まで頑張ろうとしていたずらに日時を費やしてしまうような場合もあります。また、経営者が後継者で先代が存命の場合には、先代の立場や心情への遠慮が、決断を遅

第6章　企業再生・廃業を支援する　221

らせてしまうことがあります。

　企業のオーナーは事業の借入金については連帯保証を行うのが一般ですが、オーナーの家族についても連帯保証を求められることがあります。特に、事業が赤字続きで借入れが増加してくると、会社や社長個人の財産では担保として不足するため、配偶者や子供を連帯保証人に立てたり、所有不動産を担保として追加差入れすることがあります。しかし、社長としては、破綻に家族を巻き込むことは極力避けなければなりません。特に赤字続きで延命のために近親者の保証等で借入れを重ねることは厳禁です。見切り千両、傷が浅い時点で廃業に踏み切るべきです。

　なお、金融庁ガイドラインでは、金融機関は「経営者でない経営者親族の保証は、求めてはいけない」ことになっています。

　会計人としては、会社の状況にかんがみ、いま、廃業したらどうなるか、清算価値シミュレーション、担保・保証の把握等を行い、事業再生との両面での支援が望まれます。経営者が心理的に冷静な判断ができない場合には、客観的な数値に基づいたアドバイスが必要です。

「経営者保証に関するガイドライン」の活用

　経営者の個人保証について以下などを定めたガイドラインができ、運用が始まっています。

① 　法人と個人が明確に分離されている場合などに経営者の個人保証を求めないこと

② 　多額の個人保証を行っていても、早期に事業再生や廃業を決

断した際に一定の生活費等（従来の自由財産99万円に加え、年齢等に応じて100万〜360万円）を残すことや、「華美でない」自宅に住み続けられることなどを検討すること

③ 保証債務の履行時に返済しきれない債務残高は原則として免除すること

また、経営者が保証を提供しない資金調達を希望する場合、以下の経営条件が要件となります。

・法人と経営者の関係を明確に区分・分離
・財務状況や経営成績の改善を通じた返済能力の向上等による信用力の強化
・信頼性の高い情報を債権者に開示・説明

そして、コーポレートガバナンスが十分に働いている場合、金融機関は経営者保証を求めない可能性を検討します。

本書巻末資料1に、金融庁が公表している、「経営者保証に関するガイドライン」の活用に係る参考事例集の抜粋を転載しました。どのような場面でガイドラインを活用できるのか、参考にしてください。

地域金融機関と会計人の連携ポイント

経営者保証を解除することで、廃業の早期決断を促す、後始末による事業承継を促す。

　→解除するためのガバナンス構築、情報開示体制の構築を
　　会計人が支援

事業再生の例

　事業再生は、対象会社の規模、業種、業績、スポンサーの有無、債権者の構成などによって、最適な手法は千差万別です。本書巻末資料３として、筆者達が事業再生にかかわった実際の事例を紹介していますので、参考にしてください。

III

富裕層・個人向けサービス

第 7 章

富裕層の相続を支援する

人口減少と高齢化時代

　地域金融機関と会計人の個人富裕層ビジネスにとって、相続関連案件の重要度がますます高まっていくことは間違いありません。

　総務省が発表した日本の推定人口は平成26年10月1日現在1億2,708万人。4年連続で減少し、平成20年のピークからは約100万人減少しています。1年間の死亡者数は127万4,000人で、出生児より死亡者が多い「自然減」となったのは8年連続で、平成26年

図表7－1　年齢別人口動態（人数）

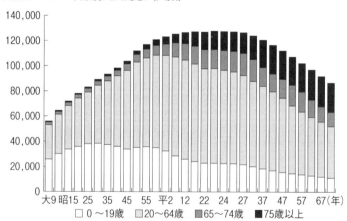

（注）　わが国の人口は急激な少子高齢化を迎え、目標年度の平成32年には65歳以上が30％。
　　　さらに、平成67年には65歳以上が約40％となる。
（出典）　国立社会保障・人口問題研究所「人口統計資料集　2015年版」「年齢別人口の推移と将来推計　1920～2060年」

は25万人と過去最高でした。年齢別人口動態（図表 7 - 1 参照）をみると、少子高齢化が一段と進んできています。具体的には、65歳以上の人口は3,300万人（全体の26.0%）と、前年に比べ110万人増加し、初めて年少人口の 2 倍に達しました。また75歳以上の人口の割合は12.5%と、これも初めて 8 人に 1 人の割合を超えました。すべての都道府県で65歳以上の人口の割合が上昇し、沖縄県を除く都道府県で75歳以上人口が 1 割を超え、なかでも秋田県、高知県、山口県、和歌山県では、65歳以上の人口が全体の30%、75歳以上の人口が全体の15%と、高齢者人口の増加が顕著に現れています。

　高齢者人口は、「団塊の世代」（昭和22（1947）〜24（1949）年生まれ）が65歳以上となる平成27年には3,395万人となり、その後も増加をたどることが予想されます。平成54（2042）年に3,878万人でピークを迎え、その後は減少に転じますが、高齢化率は上昇を続け、平成72（2060）年には39.9%に達し、2.5人に 1 人が65歳以上、75歳以上の人口は総人口の26.9%を占め、 4 人に 1 人が75歳以上となる見込みです（「平成27年版高齢社会白書」）。

　こうした高齢化人口の増加に伴い、ビジネスチャンスの拡大が期待できる相続関連は大きく次の 2 つに分けられます。
① 　金融資産〜資産運用・相続贈与対策
② 　不動産〜有効活用・売却対策・相続税対策

相続税増税による相続税の大衆化

　従来、相続税といえば、一部の富裕層だけが考えればよい問題

第 7 章　富裕層の相続を支援する　229

図表7-2 被相続人数の推移、課税割合の推移

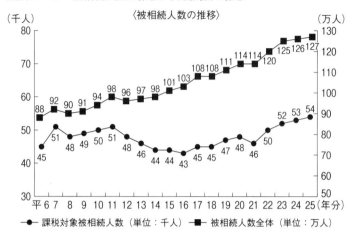

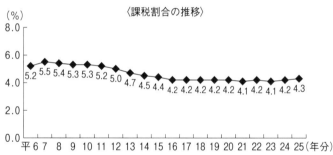

でした。しかし、平成27年1月に相続税の基礎控除が4割引き下げられ、最高税率の引上げで税率構造も変わっています。この改正によって新たに相続税の申告、納付が必要になる人が増加し、相続税がかかる場合はいままでより増税となりました。過去13年間、相続税の課税割合は全国平均で4％台でしたが、今後は全国平均1.5倍で大都市では2倍くらいに増える見込みです。ただ

し、税額がかからなくても申告が必要になる人はそれ以上になるでしょう（図表7‐2参照）。

　相続税には「配偶者の税額軽減」や「小規模宅地等の特例」があり、これらによって税額がゼロになる人は非常に多く、この制度を利用するには、相続発生後10カ月以内という期限までに申告することが条件です。東京国税局の場合、平成25年分で納税した被相続人は7.4%でした。申告して税額ゼロの人も含めれば、今後、東京および周辺では、納税の有無を問わず、高齢の被相続人のうち2人に1人は申告が必要になるという予想もあります。

　また、大阪・京都・名古屋などの大都市圏も同様に3人に1人は申告が必要になると予想されています。申告せずにいると、税務調査で追徴課税が課せられるおそれがあり、過去の税務調査でも8割以上に申告漏れなどが発見され、1件当り500万円以上の追徴課税が課せられています。

地銀による相続税囲い込み戦略

　近年、地方銀行は相続税関連業務を重要視し、相続相談窓口の増設や相続システムの整備、専門家との提携など、顧客の相続に対する不安を解消できるような体制を整えています。前述のように地域社会の高齢化、さらに相続税制改正が重なったことで、相続の対象者が大幅に増えることが想定され、ますます相続税関連業務の強化が急がれます。逆にいうと、相談業務を充実させてこういった社会のニーズに応えることができれば、各金融機関にとっては、相続に伴う預金流出を防ぎ、財産を受け継ぐ相続人を

第7章　富裕層の相続を支援する　231

新規顧客として囲い込むことができる絶好の機会ともいえます。

　たとえば、Ａ銀行では、相続ビジネスを発展させるために大手会計事務所と共同でシステムを開発し、相続手続に関する業務の簡便化と情報の共有化を図っています。お客様の口座がある店舗だけではなく、全店舗でお客様の取引状況や資産の動きを把握でき、行員全員が事務対応を円滑にこなすことによって、お客様へのサービスの向上により相続資金の流出を防ぐことがねらいです。

　相続に伴う預金口座の名義書換業務等が年間約7,000件もあるＢ銀行の場合は、今後の相続件数増加に伴う預金流出を事前に防ぐために、「相続アドバイザー」の認定制度を導入し、相続に関するお客様の相談から手続までを一貫して提案できる人材を育成しています。

　Ｃ銀行では、相続関連業務を迅速にこなすために、「相続事務センター」を本部機能として稼働させることで、事務を効率化させています。

　Ｄ銀行の場合は、信託銀行と提携して、遺言信託などの信託業務のサービスを提供しています。相続関連サービスを拡大することで顧客満足度アップにつなげています。

　Ｅ銀行の場合は、「資産活用コンサルティング室」という専門部署を設置しました。富裕層や高齢者の遺言信託や教育資金贈与に関する業務を集中させることで、相続・事業承継業務の円滑化を図っています。

　Ｆ銀行では、グループ内の信託銀行に遺言信託相談社員を派遣してもらい、信託に関する相談の一元化を図ることで、素早い対

図表7－3　税務相談の範囲（税理士法2条1項3号）

> 「税務官公署に対する申告等、第1号に規定する主張若しくは陳述又は申告書等の作成に関し、租税の課税標準等の計算に関する事項について相談に応ずることをいう。）」
> 　銀行員が特定の個人に一般的な税金の考え方・税金の傾向説明は問題なし。
> 　特定の個人に特定の土地の評価・税額について説明することは、税理士業務に該当する。こういう場合は、税理士を帯同して説明することが必要。

応をねらっています。

　G銀行の場合は、全店に資産運用アドバイザーを配置し、相続についての一貫したアドバイスを行い、顧客の囲い込みをしています。

　ここでくれぐれも注意しなければならないのは、銀行員が特定の個人へ一般的な税務の考え方を説明するのはかまいませんが、特定の土地の評価や税金について説明することは、税理士業法に抵触する場合があるということです。特定の事例に関する場合は連携する会計事務所の税理士に同席してもらい、適切なアドバイスを行えば、お客様へも安心感を与えることになると思います（図表7－3参照）。

インフレ到来による資産運用・資産防衛の あり方

　従来、富裕層に対する地方銀行の主なミッションは、預金獲得

がメインでした。しかし、地方から都会への人口流出が起こっていることをふまえ、今後は都会へ移住した相続人への預金流出問題を視野に入れなければなりません。

　財産を守るためには、現預金・不動産・有価証券を１つの財産に集中することなく、バランスよくもつことが大切です。また、不動産についても、①残す不動産、②有効活用する不動産、③相続に使える不動産の３つに分けることが必要です（図表７－４）。

　有価証券については、投資先の分散と時間の分散が重要です。株式・債権・投資信託・不動産投資信託（RIET）が代表的な商品ですが、リターン（キャピタルゲイン・分配益）とリスク（値下りリスク・税金）を比較することが大切です。

　資産運用については、ポートフォリオの考え方が重要であり、具体的には、投資対象資産が用途・場所について関係が薄く、数多くあることがポイントです。投資先は、業種・地域・通貨の分

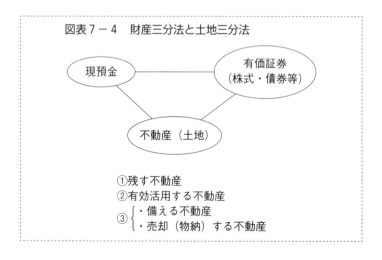

図表７－４　財産三分法と土地三分法

散、一度に購入しない時間の分散が重要です。1年に1回はリバランス（再調整）することが重要です。

相 続 税

　平成27年1月より相続税の基礎控除が引き下げられ、相続税申告書件数が増えることは確実です。相続税申告後、各人の財産明細（第11表）により、相続により取得する財産を把握できます。銀行員は、納税者の了解を得たうえで、申告書を作成した税理士から資料を入手するなどの方法により、投資信託などによる資産形成のアドバイスを通じて、頼りになる相談相手として個人富裕層を囲い込むチャンスをつくれます。本項では銀行員が最低限知っておくべき相続に関する知識をまとめました。

◆ 相続税申告と税務調査の状況

　筆者（長谷川）は昭和59年に独立開業した当初より、資産税関係、特に相続・相続税対策には力を入れていましたが、弊所が代行する相続税の申告件数は年々増加してきています。また、相続税の申告は、他の法人税や所得税と比べて税務調査を受ける確率が非常に高いことが特徴です。

① 相続税の申告実績（国税庁ホームページより）

　国税庁が平成26年12月に発表した「平成25年分の相続税の申告の状況について」によれば、平成25年中に亡くなった人の数（被相続人数）は126万8,436人で、そのうち相続税の課税対象となった被相続人数は5万4,421人であり、全体の4.3％でした。この課

図表7－5　相続税の申告実績

項目		年分　平24年分	平25年分	対前年比
①	被相続人数（死亡者数）	1,256,359人	1,268,436人	101.0%
②	相続税の申告書（相続税額があるもの）の提出に係る被相続人数	52,572人	54,421人	103.5%
③	課税割合（②／①）	4.2%	4.3%	ポイント±0.1
④	相続税の納税者である相続人数	126,452人	130,545人	103.2%
④	課税価格	107,452億円	116,253億円	107.8%
⑤	税額	12,514億円	15,367億円	122.8%
⑦	被相続人1人当り 課税価格（⑤／②）	20,510万円	21,362万円	104.2%
⑧	税額（⑥／②）	2,380万円	2,824万円	118.6%

（注1）　平成24年分は平成25年10月31日までに提出された「申告書（修正申告書を除く）」に基づいて作成しており、平成25年分は平成26年10月31日までに提出された「申告書（修正申告書を除く）」のうち入力されたデータ（速報値）に基づいて作成したものである。

（注2）　「課税価格」は、相続財産額から、被相続人の債務・葬式費用を控除し、相続開始前3年以内の被相続人から法定相続人等への生前贈与財産額および相続時精算課税適用財産額を加えたものである。

（注3）　「被相続人数（死亡者数）」は、厚生労働省統計情報部「人口動態統計」による。

（出典）　平成26年12月、国税庁ホームページ公表資料

図表7−6　相続財産の構成
・1人当りの課税価格　約2億1,000万円
・1人当りの申告税額　約　　2,800万円

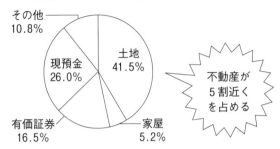

税割合は、平成16年以降、毎年4.1〜4.3％の間で推移しています（図表7−5参照）。

相続税の課税価格は11兆6,253億円で、税額1兆5,367億円でした。これを被相続人1人当りでみると、課税価格2億1,362万円、税額は2,824万円となります。相続財産額の構成比は、土地41.5％現預金26.0％有価証券16.5％の順です（図表7−6参照）。

かねて国税当局は、富裕層の課税強化に乗り出しているといわれていましたが、そのターゲットの選定基準は明らかにされていません。そうしたなか、日本経済新聞は、国税庁OBらの取材から、大口資産家の「10の選定基準」として、①有価証券の年間配当4,000万円以上、②所有株式800万株（口）以上、③貸付元本1億円以上、④不動産所得1億円以上、⑤所得合計額1億円以上、⑥譲渡所得および山林所得の収入金額10億円以上、⑦所得資産4億円以上、⑧相続などの取得資産5億円以上、⑨非上場株式の譲渡収入10億円以上または上場株式の譲渡所得1億円以上かつ45歳

第7章　富裕層の相続を支援する　237

以上の者、⑩継続的収入または大口の海外取引がある者、または①〜⑨の該当者で海外取引がある者をあげています（平成27年9月3日付日本経済新聞　電子版「富裕層2万人　課税強化で10の選定基準（真相深層）」より）。

　平成25年の国税庁の申告所得税標本調査によると、申告納税者のうちの所得1億円以上は約1万6,000人で、高額の財産を相続した人などを合わせれば、国内の大口富裕層は2万人を超えていると想定されます。不動産の所有者については、移動があれば法務局より税務当局に資料が届き、平成28年1月から始まったマイナンバー制度導入により当局は金融資産についてさらに厳格に富裕層の財産の全体を把握することになります。

　さらに、平成29年1月1日には、OECD（経済協力開発機構）で採択された金融口座の自動情報交換制度が導入されます。これにより日本に居住しながら外国に金融口座を所有している場合には、その情報が日本の税務当局に自動的に送付され、外国に居住しながら日本で金融口座を所有している場合には、その情報が日本から居住地国の税務当局に自動的に送付されるようになります。

　国税庁は、平成27年1月の所得税と相続税引上げに続いて、7月には有価証券1億円以上の保有者による海外移住を対象とした「出国税」を導入しています。

　筆者は以前、国税局資料調査課の税務調査の際に、税務当局の担当官から「節税をあおるセミナー・書物等についてはすべて情報を得ている」と聞いたことがあります。

　また、20年以上前に、ある国税庁出身の著名な税理士の先生が

「節税ビジネスという言葉はナンセンス。無駄な税金を払わせないのは、税理士の最低限の仕事であり、節税をうたってのセミナー・書物はダメ。節税の大前提は、個別の事業についての経済合理性で、ある特殊な方法によって節税ができたとしても他のだれにでも通用することは、課税の公平性からいってもありえない。節税だけのスキームは絶対にありえない」と発言されたのを鮮明に覚えています。

このことからして、たとえば昨今のいわゆるタワーマンションの節税がいずれなんらかの規制を受けるのは間違いないと思われます。展望のよい高層階は買うときの「時価」が高くなります。しかし「相続税評価」としては、高層階が他の階と比べて高いわけではありません。この差が相続税の節税につながります。

マンションは一戸建てと比べて時価に占める建物の割合が高いため、相続税の節税効果が高まります。自宅用として購入して子どもと同居すれば、いざ相続が発生したときに、小規模宅地の評価減も使えます。不動産を貸し付けることで、相続税評価を下げることもできます。

しかし、賃貸住宅は将来空室になってしまうかもしれません。また、不動産は現金と異なり、相続時に時価が下がっているリスクもあります。

さらに、あまりにも行き過ぎた節税策は、必ず節税封じの対象になるので、法律が変わる可能性を考慮しなければなりません。あまりにも行き過ぎた節税策は、結局損になることがあります。

財産評価基本通達６項では、「この通達の定めによって評価することが著しく不適当と認められる財産の価額は、国税庁長官の

第７章　富裕層の相続を支援する　239

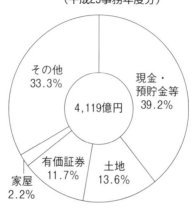

図表7-7　申告漏れ財産の構成比
（平成25事務年度分）

指示を受けて評価する」とあります。時価とのかい離の大きなものなどは認められないおそれがあるので注意が必要です。

②　相続税の調査事績

平成25年度の相続税の税務調査事績によれば、調査件数1万1,909件のうち、申告漏れ件数は9,809件で、割合は、82.4％となっています。また、その追徴課税額は539億円で、申告漏れ1件当りでみると452万円です。調査に基づく申告漏れ財産別の構成比でみると、現金・預貯金等が39.2％で最も多く、続いて土地の13.6％、有価証券11.7％となっています（図表7-7参照）。

このことから、相続税の税務調査は金融資産が中心であることがわかります。特に、被相続人名義の預貯金や株式ではないものについて、相続人の名義預貯金等として課税されている場合が多いように思われます。

一方、申告漏れ財産のうち土地が13.6％とかなりのウェイトを

図表 7 - 8　相続税の調査事績

項目		事務年度	平24事務年度	平25事務年度	対前事務年度比
①	調査件数		12,210件	11,909件	97.5%
②	申告漏れ件数		9,959件	9,809件	98.5%
③	申告漏れ割合（②／①）		81.6%	82.4%	±0.8ポイント
④	重加算税賦課件数		1,115件	1,061件	95.2%
⑤	重加算税賦課割合（④／②）		11.2%	10.8%	△0.4ポイント
⑥	申告漏れ課税価格		3,347億円	3,087億円	92.2%
⑦	⑥のうち重加算税賦課対象		436億円	360億円	82.5%
⑧	追徴課税	本税	527億円	467億円	88.8%
⑨		加算税	83億円	171億円	85.2%
⑩		合計	610億円	539億円	88.3%
⑪	申告漏れ1件当り	申告漏れ課税価格（⑥／②）	2,741万円	2,592万円	94.6%
⑫		追徴税額（⑩／②）	500万円	452万円	90.5%

(注)　「申告漏れ課税価格」は、申告漏れ相続財産額（相続時精算課税適用財産を含む）から、被相続人の債務・葬式費用（調査による増減分）を控除し、相続開始前3年以内の被相続人から法定相続人等への生前贈与財産額（調査による増減分）を加えたものである。

(出典)　平成26年11月、国税庁ホームページ公表資料

占めていますが、土地に関しては申告漏れというより評価方法に問題があったことによる修正であると推測できます。

また、相続税の申告件数5万4,421件に対して、調査件数は1万1,909件ですから、相続税の税務調査は、申告件数5件に1件の割合で実施されていることになり、税務調査を受けた件数10件のうち9件が修正申告を行っています（図表7－8参照）。

◆ 相続税の申告と納税

① 申告手続

相続税の計算をして相続税を納める必要がある人は、相続税の申告と納付を行わなければなりません。また、納付税額がない人でも「配偶者に対する税額軽減」や「小規模宅地等の課税価格の特例」等の特例を適用している人は、相続税の申告が必要となります。

相続税の申告と納税は、相続開始を知った日（通常は、被相続人死亡の日）の翌日から10月以内となっているので、たとえば、平成27年8月31日に被相続人が死亡した場合には、平成28年6月30日が相続税の申告と納付の期限となります。

a）　罰則規定

申告期限までに申告しなかった、あるいは期限までに納税しなかった場合には、下記のように罰則規定があります。

・無申告加算税……相続税の15〜20％（一定の場合は5％）

・延滞税……年利で相続税の14.6％と特別基準割合7.3％のいずれか低い割合（期限後2カ月以内は年利7.3％と特例基準割合＋1％）

ｂ）　遺産分割が確定していない場合

　申告期限までに遺産分割が確定していない場合でも、相続税の申告と納税はしなければなりません。この場合は、各相続人が法定相続分に応じて遺産を取得したものとして申告と納税をし、後日遺産分割が確定したときに精算することとなります。

　未分割の財産については、「配偶者に対する税額軽減」や「小規模宅地等の課税価格の特例」等が適用できません（申告期限後３年以内に遺産分割が確定した場合には、その確定の時に適用を受けられます）。

　② **相続税の納付**

　相続税は、上記期限までに現金で一括納付することが原則です。しかし、相続財産には不動産や取引相場のない株式のように、すぐに納税資金に充当できないものが含まれるため、一定の要件のもと「延納」や「物納」という制度があります。

ａ）　延　　納

　延納とは、不動産等を担保に入れて、相続税を分割払いする方法です。延納した場合には、延納期間中において利子税を支払う必要があり、延納期間・利子税の率は相続財産の内容により決定されます。延納には、次のような要件があります。

・納税額が10万円を超えること

・納期限までに金銭で納付することが困難と認められること

・提供する担保があること

・納期限までに、延納申請をすること

　延納を利用すると利子税がかかり、相続税の本税と利子税の負担は多額になります。そこで、延納による納税が可能となるべく

事前に準備をしておく必要があります。そのためには生前に土地の有効活用を図り、収益性を高めておかなければなりません。

延納を利用するかどうかの決定にあたっては、市中金利の動向も考慮し、延納の利子税割合よりも金融機関からの借入金の利子率のほうが低い場合には、延納よりも金融機関からの融資を利用したほうが得です。

延納を利用しても後から現金での一括納付に切り替えることができます。したがって、いったん延納にして、1年後に到来する1回目の納付期限までに金融機関から融資を受けて一括納付する方法もあります。

また、いったん延納をしておいて、有利な条件の買い手が現れてから不動産を売却し、延納を取りやめてその売却代金で納付する方法もあります。この場合には売却予定の不動産を相続人のなかで売却に賛同する意思のある者と共有にしておき、申告期限から3年以内に売却して相続税の取得費加算の特例を受けられるようにすると節税もできます。

b）　物　　納

物納とは、現金のかわりに国債等の有価証券や不動産で納税する方法です。物納した場合、原則として物納した財産の相続税評価額（相続税の計算の基礎とした金額）が収納価額（納税があったとされる額）となります。物納の要件は次のとおりです。

・金銭で納付することが困難と認められること

・物納できる財産があること（国が管理や売却するのに不適当な財産では物納が認められない）

・納期限までに、物納申請をすること

図表7-9　物納できる財産とできない財産

物納が可能な財産	物納が不可の財産
・自宅の底地 ・老朽アパートの底地 ・貸宅地の底地 ・建物とともにする借地権 ・マンション（1棟、1戸でも可） ・耕作権の設定されていない農地 ・駐車場 ・相続した財産を処分して取得した財産 ・相続開始前3年以内に贈与を受けた財産 ・自社株	・ゴルフ会員権 ・貸付金などの債権 ・質権・抵当権・その他の担保権の目的となっている財産 ・所有権の帰属・境界などについて係争中の財産 ・共有財産（共有者全員が持分を物納する場合を除く） ・譲渡に関して法令に特別の定めのある財産 ・買戻し特約登記等のある不動産 ・売却できる見込みのない不動産 ・ほかの財産と一体として効用を有する財産 ・現状を維持するために築造・修理が必要な建物 ・今後数年以内の使用に耐えられないと認められる建物

　物納できる財産とできない財産の例は図表7-9のとおりです。

c）　延納・物納変更制度

　従来、延納から物納への変更はできませんでしたが、平成18年4月以後の相続からは変更が可能となりました（特定物納制度）。つまり、延納の許可を受けた相続税額について、その後に延納条件を履行することが困難となった場合には申告期限から10年以内に限り、分納期限が未到来の税額部分について、延納から物納へ

第7章　富裕層の相続を支援する　245

の変更を行うことができます。特定物納をした財産の収納価額は、特定物納申請書を提出した時の価額です。

　延納による支払がむずかしくなったときや相続した不動産などの価額が上昇したときなどは延納から物納への変更を検討する価値があります。

　また、物納の許可があった後でも、一定の場合には物納を撤回して金銭で納付することもできます。一定の場合とは、①物納許可後1年以内であること、②撤回しようとする財産が賃借権などその不動産を利用するための権利が付された不動産であること、③その不動産が現に存在すること、の3つの条件が満たされてい

図表7－10　延納・物納変更制度

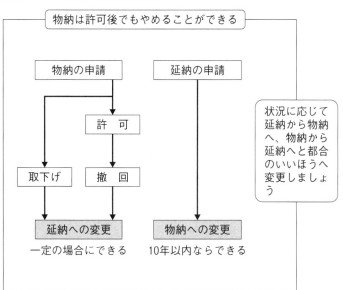

る場合です。

　物納が撤回された場合、その相続税額を一時に納付するのが原則ですが、一時納付が困難なときは延納にすることもできます（図表7 −10参照）。

相続対策

　個人富裕層の囲い込みのためには、相続対策の基本を押さえることが最低条件です。

①　相続対策の三本柱

　相続対策には、 a ）節税：いかに合法・合理的に税金を減らすか、 b ）納税：いかに負担感なく税金を納めるか、そして、 c ）分割：いかにもめないように分割するか、という3つの柱があります（図表7 −11参照）。

　三本柱は、有機的に結合するものですが、時代によって優先順位が異なってきます。

a ）　節税対策

　平成初期まではバブル経済の絶頂期で、不動産・株価が上昇するなかで、節税がメインテーマでした。相続税対策がもてはやされ、各金融機関でこぞってセミナーが開催されました。

b ）　納税対策

　バブルがはじけてからは、土地については、相続税評価額と時価が逆転し、納税資金が不足した場合は、物納するケースが増えてきました。

c ）　分割対策

図表 7 −11　相続対策の三本柱

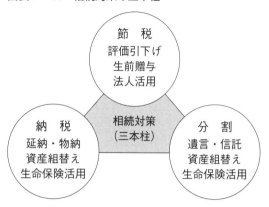

　いつの時代も相続人の間でもめないようにすることが、いちばん大切です。配偶者軽減を活用して、二次相続までも視野に入れて対策を考えます。最近は、自分の相続については、生前から財産をどのように分割するかを考えて、遺言・家族信託を利用する人が増えてきました。

　次に銀行員が特に知っておきたい代表的な相続対策の基本です。節税のための評価下げには、アパートの建築が有効であり、手堅いシミュレーションを提案すれば、ほとんどの場合で融資に結びつけることができます

② 土地の有効活用

a) 遊休地にアパートなどを建築

　貸し付けられた建物は借家権割合（30％）が引かれ、貸し付けられた建物の敷地は貸家建付地評価となり、借地権割合と借家権割合を乗じたものが引かれ、結果として評価が下げられます（図

表7-12参照)。

アパート建築による相続税対策には、以下のようなメリットとデメリットがあるので、注意が必要です。

［メリット］

・土地が貸家建付地となり、評価減が実現できる。
・建築費用と建物評価額の差額分の評価減が実現できる。
・賃貸収入が見込まれ、納税資金対策になる。

［デメリット］

・立地などの諸条件により、空き室のリスクがある。
・見込みどおりの賃貸収入が得られない場合など、借入金の返済リスクがある。
・貸家の管理・補修などのわずらわしさがある（管理会社への委託も可)。

図表7-12　アパート建築による土地活用の例

※借地権割合70％、借家権割合30％とする

b) 動産管理会社による対策

不動産管理会社の方式には、管理委託方式・転貸方式・建物所有方式がありますが、図表7－13に最近よく使われる建物所有方式を掲示します。

 i 法人税対策……法人が役員に給料を支払うことで、給与分が経費となり所得が減って法人税が下がる。

 ⅱ 相続税対策……給与の支払によって父親の相続財産になる予定だった収益は、贈与税が生じることなく親族へ分散される。

 ⅲ 法人所有するためのポイント

　ⅰ） 所有期間が長い（減価償却がされ、帳簿価額が少額）物件のほうがベター。

　ⅱ） 借入残高の少ない物件が望ましい。

　ⅲ） 「土地の無償返還に関する届出書」を提出する。

図表7－13　不動産保有会社のお金の流れ

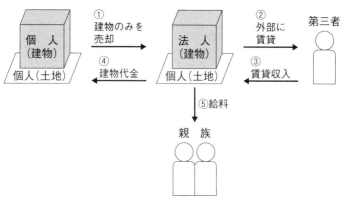

iv）　個人の土地と法人の建物の関係を確認する。

c）　土地の利用区分を変更

　土地は利用の単位となっている一画地ごとに評価します。同じ目的で使用している広い敷地を２つに分割して利用目的を変更すれば、それぞれの利用区分ごとに評価することになり、土地の評価を引き下げることができます（図表7－14参照）。

d）　等価交換

　土地所有者は、土地を提供し、デベロッパーは建設費の全部を負担して、その土地にマンションや貸ビルを建設します。建物が完成すると、土地の所有権と建物の所有権を交換して賃貸事業を開始します。交換によって、土地については共有部分、建物については区分所有権を、土地所有者とデベロッパーがそれぞれもちます（図表7－15参照）。

　等価交換方式のメリットとデメリットをまとめると、以下のようになります。

〈メリット〉

・借入金が発生しない。

・土地が貸家建付地として評価される。

・建物部分を賃貸にすれば賃貸収入が期待できる。また貸家の評価減も実現できる。

・設計や建築後の管理をプロに一任できる。

〈デメリット〉

・土地の一部を手放すことになる。

・設計、土地の評価額、交換比率などにおいてデベロッパー主導になりやすい。

第7章　富裕層の相続を支援する　251

図表7-14 土地の利用区分変更による効果の例

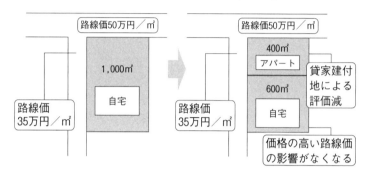

【土地の評価額】
1㎡当りの価格
　　　　　　＊側方路線影響加算率
50万円+35万円×0.03＊
　=51.05万円

51.05万円×1,000㎡
　=5億1,050万円
小規模宅地の特例適用後
　　　　　3億7,572.8万円

51.05万円×330㎡×(1-80%)
　=3,369.3万円
51.05万円×670㎡
　=3,4203.5万円

【土地の評価額】
■貸家部分（貸家建付地）
51.05万円×400㎡×(1-70%×30%)
　=1億6,131.8万円…①
■自宅部分（自用地）
35万円×600㎡
　=2億1,000万円
小規模宅地の特例適用後
　　　　　　　　　　1億1,760万円…②

35万円×330㎡×(1-80%)=2,310万円
35万円×270㎡　　　　　=9,450万円
　　　　　　　　合　計=11,760万円

①+②=2億7,891.8万円

土地だけで9,681万円の評価減

＊奥行価格補正はここでは無視する。
＊小規模宅地の特例は330㎡の部分を80%引きで計算。
＊借地権割合70%、借家権割合30%とする。

図表7-15 等価交換方式の仕組み

○地主の現況……時価(取引価格)4億円の自宅敷地を所有
○等価交換の内容
　デベロッパーがマンションを建築。建築費用は6億円
　地主は土地の60%(2.4億円)を業者に譲渡
　業者は建物の40%(2.4億円)を地主に譲渡

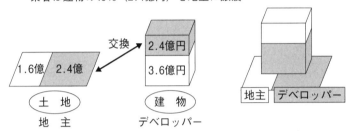

○等価交換後の地主の状況
　土地の40%の共有持分(1.6億円)
　建物の40%を区分所有(2.4億円)
　　※いずれも時価

| マンションの一部を居住用、残りを賃貸用にすると | 土地は、自己の居住用部分を除き貸家建付地としての評価になる。建物の賃貸部分は貸家としての評価になる。 |

・デベロッパーが取得部分を譲渡した場合、権利者などが多人数になる。

③ 生命保険の活用

　納税資金づくり・もめないための分割対策・節税対策には、生命保険の活用が有効です(図表7-16参照)。銀行員にとっては、新規の融資に結びつけるうえで、まず基本を押さえることが大切です。ここでも銀行員と会計人が連携することで、顧客に安心感を与えます。

図表7-16　相続対策に適した保険

保険の種類	相続対策	保険の特徴
定期保険	×	一定期間のみ死亡保障があるかけ捨ての保険。 期間満了後は保険金がいっさい支払われない。
終身保険	◎	生涯保障が続き、被保険者の死亡時に必ず保険金が支払われる。相続対策に最も適している。
定期付終身保険	△	一定期間の死亡保障を厚くした終身保険。定期期間の終了後は終身部分のみの保障となる（保険金額が減る）ので注意が必要。
養老保険	×	満期までの死亡保障と、満期時に死亡保険金と同額の満期金がある貯蓄性の高い保険。死亡保険金と満期保険金のどちらに転ぶか不確定なため、相続対策としては使いにくい。
医療保険	×	医療費の保障を目的とした保険で、死亡保険金はわずか（一般的に50万円程度）。相続対策には不向き。

a）　生命保険加入の目的

　生命保険をかける目的は、以下の4つです。

　i　万一の場合に遺族が生命保険を受け取り、その後の生活資
　　金にする（生活保障機能）。

　ii　相続税の納税資金の準備をする（納税資金の確保）。

　iii　土地や建物など分割が困難な資産が大部分を占めている場
　　合、分割用の財産となる（分割対策機能）。

254　Ⅲ　富裕層・個人向けサービス

iv 相続税の節税対策に利用する（非課税枠の利用）。

b）　契約形態によって異なる課税形態

被保険者の死亡によって支払われる保険金は、だれを契約者（保険料負担者）、受取人とするかによって課税される税金の種類が異なります（図表7−17参照）。

・Aパターン……父が自分で保険に加入し、相続人である妻や子を受取人とするパターン。最も一般的な加入の仕方です。保険金は相続財産とみなされ、相続税の対象となるが、［500万円×法定相続人数］の非課税枠があります。非課税枠を超える部分のみ相続財産に加算されます（図表7−18参照）。

・Bパターン……たとえば、子が父に保険をかけ、自分で保険金を受け取るかたち。保険金は子の一時所得となり、所得税と住民税がかかります。一時所得の税負担は、ほかの種類の所得に比べて軽くなっています。

・Cパターン……たとえば、母が父に保険をかけて保険料を支払い、子を受取人とするかたち。この場合は贈与税がかかり、税負担が非常に重くなります。加入ずみの保険がこのような契約形態になっているときは、保険会社に申し出て、受取人を変更したほうがよいでしょう。受取人の変更は簡単に行えます。

c）　生命保険による納税資金の確保

土地持ち資産家で、現預金をあまりもっていない場合、納税資金を確保するために、生命保険が有効です。

d）　子が父に保険をかけて納税資金を確保

子に保険料の負担能力がない場合に、親が子に対して保険料をまかなうに足る現金贈与を行い、子はその資金から保険料を保険

第7章　富裕層の相続を支援する　255

図表7－17　契約形態別死亡保険金課税

契約のかたち		具体例（父を被保険者とする）			税金の種類
		契約者	被保険者	受取人	
A	契約者と被保険者が同一	父	父	母	相続税
		父	父	子	
B	契約者と受取人が同一	母	父	母	所得税と住民税（一時所得）
		子	父	子	
C	契約者、被保険者、受取人の三者が異なる	母	父	子	贈与税
		子	父	母	

＊契約者＝保険料負担者とします。

一時所得にかかる税金の計算方法
❶　（受取保険金額－払込保険料額－50万円）× 1 ／ 2 ＝課税される一時所得
❷　①の金額をほかの所得と合算し、所得税と住民税の税率を適用

　会社に支払うことにより、親の死亡時に受け取る保険金について、一時所得とすることができます（図表7－19参照）。

　注意すべきは、契約者はあくまでも子供本人であるという認識があるかということです。親の所得計算上、その生命保険契約に係る生命保険料控除がされたりしては、贈与の事実自体の真偽が問われることになります。

図表7-18 父を契約者とし、非課税枠を利用する場合

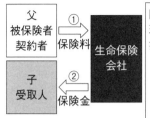

みなし相続財産
相続税が課税される
（一定額まで非課税）

| 特徴 | ・受取保険金のうち [500万円×法定相続人数] は相続財産に加算されない。
・非課税枠を超える保険金が払込保険料より少ないときは、課税財産が減少する。 |

■加入例
現在の財産　5億円
推定相続人　妻と2人の子供
　　　　　（法定相続分どおりに相続）
▶一時払保険料2,000万円で、3,000万円の終身保険に加入。受取人は2人の子供

　　対策前

現金（預金）　　6,000万円
不動産　　　　　4億円
その他の財産　　4,000万円
────────────────
相続税額　　　　6,555万円

現金で納付する場合は555万円の不足。

　　対策後

現金（預金）　　4,000万円
受取保険金　　　3,000万円
（うち課税金額は1,500万円）
不動産　　　　　4億円
その他の財産　　4,000万円
────────────────
相続税額　　　約6,449万円

保険金受取り後の現金は7,000万円。
相続税納付後551万円残る。

図表 7 －19　子を契約者とし、保険料充当金を贈与する場合

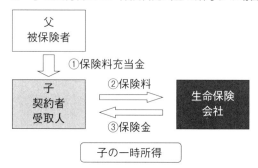

所得税＋住民税が課税される

特徴	・受取保険金が相続財産にならない ・保険料の贈与により相続財産が減少する ・一時所得の課税金額はかなり軽減されるため、相続税の課税対象とするより有利な場合も

さらに、二次相続に備えて母を被保険者とする場合

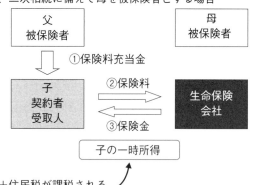

所得税＋住民税が課税される

特徴	さらに、次のメリットがある。 ・父が先に死亡の場合、母の二次相続時の納税資金となる ・母が先に死亡の場合、父の相続時の納税資金として確保・運用できる

e ）　遺産分割争いの回避への活用

　たとえば、自宅以外に価値のある財産がない場合、その家を長男が相続すると、ほかの子が相続できる財産がなくなります。民法では均等に相続する権利があり、均分相続のためには、自宅を売却するか、共有にするしか方法がありません。売却すると、住む家がなくなるし、共有にすると将来必ずもめることが予想されます。

　そこで、生命保険を活用し、分割用の財産とします（図表7－20参照）。

図表7－20　遺産分割争いの回避にも利用価値大

（例）

父親が死亡

```
相続人：長男　次男
財　産：自宅　5,000万円
```

↓

```
父親：被保険者
次男：受取人（生命保険金額　3,000万円）
※自宅を長男に相続の旨の遺言書作成
```

f ）　経営者保険の活用

　オーナー経営者の場合、経営者保険に加入して、会社の節税をしながら、相続税の納税資金を準備することができます。経営者保険では、会社が経営者に保険金をかけて、経営者が亡くなったときに会社が保険金を受け取り、それを退職金に充てるものです。退職金には、生命保険とは別に、相続人1人当り500万円が

非課税になります(図表7-21参照)。

図表7-21 経営者保険の仕組み

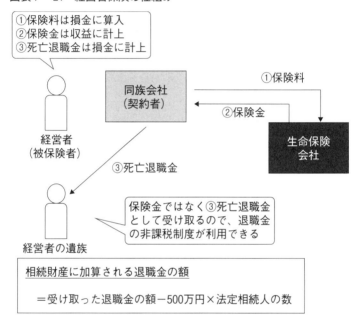

④ 相続取得財産を売却した場合

納税資金づくりには、有効なことを理解したうえで、顧客にも説明します。売却するまでの時間つなぎとして、納税資金のための新規融資が発生する可能性があります。相続で取得した財産を売却した場合には、購入した財産を売却した場合と同様にその譲渡所得(売却益)に対して所得税や住民税が課税されます。

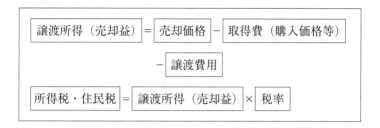

譲渡所得（売却益）を計算する場合において、相続により取得した財産の取得費は、被相続人の取得費を引き継ぎます。したがって、相続発生時の時価や相続税評価額ではなく、被相続人の購入金額が相続人の取得費となります（図表7－22参照）。

また、相続した財産を、相続税の申告期限の翌日以降3年以内に売却すれば、売却した人の納税した相続税額のうち、図表7－23の算式により計算した額を売却時の取得費に加算することができます。取得費に加算することにより、譲渡所得が小さくなり所得税等の負担が小さくなります。

⑤ **小規模宅地評価減の税制改正**

相続税の第2の基礎控除といわれるほど、土地持ちの富裕層には、節税のために、小規模宅地評価減の特例を最大限に有効に使うことが、最も重要な項目です。時代背景によって、よく改正が

図表7－22 取得費の引継ぎ

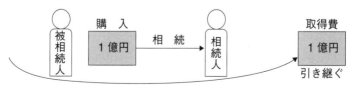

図表7－23　相続税額の取得費加算

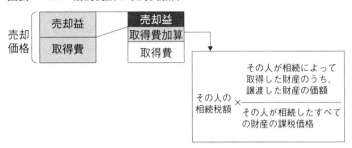

行われますが、日頃からおつきあいのある税理士に確認しながら、顧客にとって有利になることを提案しましょう。しっかりと基本を押さえれば、顧客との間で信頼関係を築けます。

a）　相続税の基礎控除の引下げの補完的役割

　増税により土地を相続すると相続税がかかり、その土地を売却しなければ相続税が払えない事態が生ずるおそれがあります。そのために、小規模宅地の評価減の特例を見直すことにより調整されました。

　平成27年1月1日以後に相続の開始のあった被相続人に係る相続税について、小規模宅地等については、相続税の課税価格に算入すべき価額の計算上、図表7－24に掲げる区分ごとに一定の割合を減額します。

b）　共有取得の場合

　以前は、共有で宅地を相続した場合、取得者のうち1人が適用要件を満たしていれば、全員に特例が適用されていました。たとえば、居住用宅地を母が3分の1、別居の長男が3分の2相続した場合に、母は適用がありますが、長男にも80％の評価減が適用

図表 7 −24 相続の開始の日が「平成27年 1 月 1 日以後」の場合

相続開始の直前における宅地等の利用区分				要　件	限度面積（㎡）	減額される割合（%）
被相続人等の事業の用に供されていた宅地等	貸付事業以外の事業用の宅地等		①	特定事業用宅地等に該当する宅地等	400	80
	貸付事業用の宅地等	一定の法人に貸し付けられ、その法人の事業（貸付事業を除く）用の宅地等	②	特定同族会社事業用宅地等に該当する宅地等	400	80
			③	貸付事業用宅地等に該当する宅地等	200	50
		一定の法人に貸し付けられ、その法人の貸付事業用の宅地等	④	貸付事業用宅地等に該当する宅地等	200	50
		被相続人等の貸付事業用の宅地等	⑤	貸付事業用の宅地等に該当する宅地等	200	50
被相続人等の居住の用に供されていた宅地等			⑥	特定居住用宅地等に該当する宅地等	330	80

（注）　特例の適用を選択する宅地等が以下のいずれに該当するかに応じて、限度面積を判定する。

　1　特定事業用宅地等（①または②）を選択する場合または特定居住用宅地等（⑥）を選択する場合。（①＋②）≦400㎡であること。また、⑥≦330㎡であること。

　2　貸付事業用の宅地等（③、④または⑤）およびそれ以外の宅地等（①、②または⑥）を選択する場合。（①＋②）×200／400＋⑥×200／330＋（③＋④＋⑤）≦200㎡であること。

できました。改正後は取得した者ごとに判定し、長男には適用できなくなりました。

ｃ）　住宅用と貸付用の併用ビルの場合

　以前は、１棟のビルに居住用部分があれば、宅地全体に特例が適用されていましたが、改正後は用地区分ごとに適用されます。

　240㎡の敷地に５階建てのビルがあり、５階居住用、４階までが貸付用の場合の計算は、図表７−25のようになります。

ｄ）　宅地種類別要件

図表７−25　住宅用と貸付用の併用ビルの例

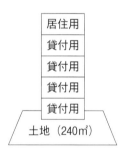

平成22年３月31日までは特定居住用として、240㎡までは△80％、その後調整計算が必要になります。平成27年１月１日以後も、利用区分ごとに面積を按分して計算しますが、居住用宅地が240㎡から330㎡に変更になりました。従来では、居住用の部分があればすべての面積について、特定居住用として80％評価減できましたが、平成27年１月１日以降は、特定居住用宅地分につき80％評価減、貸付事業用宅地分につき50％評価減、その他については評価減なしとなります。

［用途区分］
　居住用部分　240㎡×１／５＝48㎡
　貸付用部分　240㎡×４／５＝192㎡
［貸付用宅地の調整計算］
　貸付用面積　200㎡−（居住用48㎡×200／330）＝168㎡
［評価区分面積］

	居住用部分	48㎡	特定居住用宅地	48㎡	△80％
全体面積240㎡	貸付部分	192㎡	貸付事業用宅地	168㎡	△50％
			その他	24㎡	減額なし

以下、宅地の要件について、種類ごとに説明します。

ⅰ　特定居住用宅地等……特定居住用宅地とは、相続開始の直前において被相続人等の居住の用に供されていた宅地等をいいます。以下の場合に特例が適用できます。

ⅰ）　被相続人の居住用宅地を相続により被相続人の配偶者が相続した場合には、無条件に330㎡まで80％の評価減ができます。

ⅱ）　被相続人の居住用宅地を同居の親族が取得した場合には、相続税の申告期限までその家屋に居住し、かつ、宅地を保有していれば、特例が適用できます。

ⅲ）　被相続人の居住用宅地を非同居の親族が取得して、Ａの配偶者またはＢの同居の親族がいない場合に、相続開始前3年以内に自己または配偶者の所有する家屋に居住したことがない人で、かつ相続税の申告期限までその宅地を保有している人があれば、特例が適用されます（いわゆる「家なき子」の場合）。

ⅳ）　被相続人と生計を一にする被相続人の親族の居住用宅地を、配偶者が取得した場合には、無条件に特例が適用できます。

ⅴ）　被相続人と生計を一にする被相続人の親族の居住用宅地を、その親族が取得した場合には、相続税の申告期限までその家屋に居住し、かつ宅地を保有している人であれば、特例が適用されます。

ⅵ）　二世帯住宅で区分所有の目的となる建物（区分所有法の規定に該当する建物）を除き、二世帯の居住用部分が特例の対

象になります。

vii） 老人ホームに入所したことにより、居住しなくなった宅地は、介護の必要のために入所したものであり、貸付をしていない場合に限り特例の対象になります。

ii 特定居住用宅地等～二次相続時の留意点……特定居住用宅地等について二次相続の場合、以下の項目については注意してください。

ⅰ） 母と同居している子どもが取得し、相続税の申告期限まで居住を継続し、かつ保有を継続すれば、特例が適用されます。

ⅱ） 母と生計を一にする子どもの居住用宅地を、生計を一にしていた子どもが取得し、相続税の申告期限まで居住を継続し、かつ保有を継続すれば特例が適用されます。

ⅲ） 相続開始前3年以内に自己または自己の配偶者の所有する家屋に居住したことがない子どもが（「家なき子」）が、相続開始の時から相続税の申告期限までその宅地を保有すれば、特例が適用されます。

子どもが親元（実家）を離れ、住宅を購入して都会で暮らしている場合には、「家なき子」には該当しませんが、母の居住用宅地を相続しても、特例の適用は受けられません。

iii 特定同族会社事業用宅地等……相続開始の直前から相続税の申告期限まで一定の法人の事業（貸付事業を除く）の用に供されていた宅地で、被相続人の親族が相続または遺贈により取得したものです。一定の法人では、相続開始の直前において、被相続人および被相続人の親族がその法人の発行済株

266　Ⅲ　富裕層・個人向けサービス

式の総数または出資の総額の50％超を有している法人をいいます。同族法人の事業の用に供されていた宅地を、相続税の申告期限において、法人の役員が取得し、相続税の申告期限まで保有継続していれば、特例が適用されます。法人を設立し、建物を法人が借りれば、特例の適用ができます。

iv 特定事業用宅地等……相続開始の直前において、「被相続人の事業の用」または「被相続人と生計を一にする親族の事業の用」に供されていた宅地で、被相続人の事業を相続税の申告期限までに承継し、かつその申告期限までその事業を営んでおり、その宅地等を相続税の申告期限まで保有している場合は80％の評価減が適用できます。注意すべきは、生前に事業承継をすませると事業用宅地にはならないことです。

v 貸付事業用宅地等……貸付事業用宅地等とは、被相続人等の貸付事業の用に供されていた宅地等をいい、以下の場合に特例が適用できます。

ⅰ) 被相続人の貸付事業用宅地を取得した親族が貸付事業を相続税の申告期限までに承継し、かつ相続税の申告期限まで貸付事業を行っていること。そして、その宅地を取得した親族が相続税の申告期限まで保有していること。

ⅱ) 被相続人と生計を一にしていた被相続人の親族の貸付事業用宅地を取得した親族が、相続開始の直前から相続税の申告期限まで貸付事業を行っていること。さらに、その宅地を取得した親族が、相続税の申告期限まで保有すること。

ⅲ) 貸付事業とは「不動産貸付業」「駐車場業」「自転車駐車場業」および事業と称するに至らない不動産の貸付その他こ

れに類する行為で、相当の対価を得て、継続的に行う「準事業」をいいます。

iv） 特例の対象となる宅地は「建物または構築物の敷地の用に供されているもの」とされていますから、青空駐車場の場合は、アスファルト舗装、フェンスの設置などの構築物がない場合には認められません。

e） 小規模宅地の特例非適用の場合の救済

相続税申告期限までに遺産分割協議が成立していなくても、申告期限後3年以内に遺産分割協議が成立し、一定の要件を満たした相続人が被相続人の居住用宅地等を相続取得することが確定すれば、更正の請求を行って納めすぎた相続税額の一部の還付を受けることができます。

信託の活用

もめない分割対策の基本といえば、遺言でしたが、遺言書があるだけでは、遺言の内容・遺言の効力等で争いが発生する場合があります。遺言を補完するものとして、家族信託が最近話題を集めています。今後の高齢化時代とともに、認知症対策にも重要な役割を果たします。今後の富裕層の囲い込み対策には、家族信託のさまざまな機能を理解することが有効です。

信託とは、財産の所有者が信頼できる第三者に財産を託し、託された者は、その財産を管理・運用して、その結果発生した利益を財産の所有者が指定する者に与えるというものです。この場合の財産の所有者を「委託者」、託された者を「受託者」、利益を受

け取る者を「受益者」と呼びます（図表7-26参照）。

以前は、信託といえば信託銀行や信託会社が営利を目的として不特定多数の人から反復継続して受託者となる、いわゆる「商事信託」が主流でしたが、信託法の改正により、最近では特定の相手に対し1回だけ受託者となる「民事信託」が相続をはじめとしてさまざまな場面で活用されてきています。その民事信託のなかでも、受託者を家族に指名するものを「家族信託」といい民事信託のなかでも主流になってきています。

信託は契約によって内容を決定（契約以外の方法もありますが、主流は契約です）するため、信託を活用しようとする者の状況にあわせて柔軟な対応が可能であり、遺言ではできないような財産の残し方が可能になります。

また、相続以外でも、事業承継目的や認知症対策などの福祉目

図表7-26 信託の基本的なしくみ

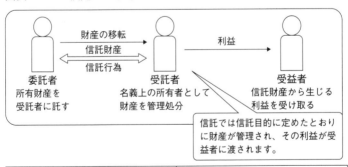

商事信託	家族信託（民事信託）
不特定多数から反復継続して受託	特定の1人から1回だけ信託を受託
信託法と信託業法	信託法

第7章 富裕層の相続を支援する 269

的など、幅広い活用ができるようになっていますので、さまざまなケースでの活用が期待されていますが、専門的な知識が要るため、経験のある専門家の助言が必要となるでしょう。

① 遺言（補完）機能

信託は、受託者および受益者を指定するため、生前に自分の死亡後の受益者を指定することもできます。

長男に引き継がせたい財産を信託財産とする契約を結び、自分の死亡後は長男を受益者とすることを明記すれば、相続が発生した場合は、信託した財産から発生する収益は話合いを経ずして長男が受け取ることができます。これは遺言書がなくとも特定の人を指定して受益権を移すことができるため、遺言と同様の機能を果たしていることから「遺言代用信託」と呼びます。

しかも、信託は遺言より優れている点もあります。それは、遺言は財産の承継者を決めることができますが、承継者が死亡した後の次の承継者まで決めることは、法律的に効力はありません。

信託では、最初は配偶者を受益者に、配偶者が死亡した場合は長男に、長男が死亡した場合は長男の子どもにと、受益者を何代にもわたって指定することができます。つまり、財産を自分の希望どおり何世代にも継承させていくことができます。これを「受益者連続型信託」といいます。

この受益者連続型信託を使えば、子どもがいない夫婦なら、最初の受益者は配偶者、次の受益者は自分の兄弟姉妹とすれば、配偶者が死亡した後、配偶者の兄弟に財産が移っていくことを防止し、自身の家系で財産を承継することが可能です。

ただし、この受益者連続型信託は永久に続くわけでなく、信託

270　Ⅲ　富裕層・個人向けサービス

図表 7 －27　遺言と信託の特徴

	遺言	信託契約
書面作成者	遺言者	委託者と受託者
効力の発生	死亡時	契約締結時
内容の変更	遺言者はいつでも可能	原則委託者・受託者・受益者の合意（例外あり）
異なる遺産分割	可能（同意必要）	信託契約の変更
次の相続までの指定	不可	可

設定後30年経過した時点での受益者が、指定した次の受益者が最終の受益者となります。

② 共有のトラブル回避

　信託の大きな特徴に、管理する権利義務と収益を受ける権利が分離できるというものがあります。たとえば不動産を信託すると、管理する権利義務とは修繕する義務や売却する権利をいい、収益を受ける権利とは不動産から発生する収益を受ける権利をいいます。民法上の所有権ではこのように分離することはできませんが、信託することによって分離が可能となります。不動産のように分割がむずかしく、相続トラブルになるような財産では信託のこの機能を着目することによってスムーズな分割が可能となります。

　たとえば、不動産の代表的なトラブルといえば共有による維持管理がありますが、共有名義人が委託者兼受益者となり、信頼できる者を受託者に依頼することによってトラブル回避につながります。具体的には、共有物件は管理処分については共有者全員の

第 7 章　富裕層の相続を支援する　271

合意が必要ですが、物件を信託した場合は受託者の一存で管理処分が可能であり、いちいち共有者全員で話合いをし、合意を得る必要なくなるため、管理処分等の手続がスムーズに進みます。

さらに、この収益を受ける権利は分割が可能であるため、被相続人に収益不動産が1つしかない場合などは、その収益不動産を信託財産とする信託契約をし、受益者に相続人を指定し、あわせて受益権の割合を指定しておくと、家賃などの収益はその割合に応じて分配が可能となり、収益面では結果として共有と同じ効果が得られるため、相続人がもめることも少なくなります。被相続人が平等に相続させたいとの思いから、遺言などによって安易に共有させれば相続争いに発展する可能性がありますが、不動産を信託することによってそのようなトラブルを回避できます。

③ 認知症対策

信託では、信託設定後の委託者の事情に左右されず継続的に財産を管理することができます。つまり、信託契約上の信託目的に管理や運用の方法を明確にしておけば、その後、委託者が認知症などにより判断能力を喪失したとしても、問題なく財産が管理されていきます。

従来は、認知症等により判断能力を喪失した人の財産管理には「成年後見制度」が広く活用されてきました。裁判所で選任された家族等が成年後見人になり、成年被後見人の財産を管理していく非常にいい方法ではあるのですが、成年被後見人の財産を保護していくことに主眼が置かれているため、運用や処分に関しては非常にハードルが高く、財産の積極的な活用が制限されているのが実情です。また、近年では財産管理の安全性の観点から、裁判

所が成年後見人を家族より専門家を選任する方向になってきています。

信託では、判断能力のあるときから信頼できる人に財産管理を託すため、認知症等になっても成年後見制度を利用することなく、財産管理が可能です。当初に家族を受託者にする家族信託を活用すれば、途中で受託者の変更がない限り、家族が財産管理をしていくことになります。しかし、判断能力を喪失してからは信託契約をすることが不可能になり、成年後見制度を利用するしかなくなるため、早期に将来を考えた取組みが必要です。

④　福祉のための信託

信託契約を結ぶと、受託者は委託者の信託目的に従って、信託された財産を管理しなければなりません。つまり、受託者は決められた信託目的以外の法律行為はできません。

相続では、相続時に財産が一度に相続人に渡りますが、信託では、信託目的に「分割して渡すこと」と指定すれば、受託者はその信託目的に従って、受益者に対し分割して財産を渡していくことになります。

受益者が高齢により認知症をわずらっている場合や、障害のある子どもの場合など、自分の死後一定額を分割して受益者に渡す信託契約を結んでおけば、残された家族の生活が安定することになります。

また、ハンディキャップのある人には、多額の財産を渡すのでなく、分割して渡すことにより犯罪被害にあいにくくなりますし、さらに、その受益者が死亡した場合には、次の財産を渡す受益者も指定できます。福祉型信託の方法を利用すれば、子どもや

第7章　富裕層の相続を支援する　273

孫が未成年の間は財産を渡さず、成人した後に財産を分割して渡すなど、細かい条件を定めて財産の受渡方法を決めることができます。

　福祉型信託以外にも、子どもの将来のことを考えた財産分配にも信託は有効です。生前贈与や遺言で子どもや孫に財産を渡したいが、「財産を浪費するのでは？」など考えることはよくあることだと思います。しかし、通常の相続や贈与では、自身が渡した後の財産の使途まで決めることはできません。

　このように、信託はさまざまな家庭や個人の事情にあった財産の分配や承継が可能な制度です。

贈 与 税

　1,700兆円以上ある金融資産のうち、60％以上は60歳以上の人が保有しており、国の方針としては、次の世代に資金を移動させるべく、各種贈与の特例が用意されています。富裕層の囲い込みのためには、生前から贈与することにより、孫の代まで金融機関と永いおつきあいができます。特に「教育資金の一括贈与」「結婚子育て資金一括贈与」を扱うことによって、若い世代の人との接点ができます。

◆ 贈与税の仕組み

① 相続税の補完税
　贈与とは、無償により財産を与えることをいいます。ただし、贈与は財産を与えるだけでは成立せず、与える側が与える意思表

示をし、受け取る側がそれを承諾したときに成立します。この贈与財産に対して贈与税が課せられます。

　もし贈与税が課税されなければ、生前に財産を相続人に贈与することにより、相続税を回避することが可能となります。そこで、生前の贈与に対しては、相続税の前払い的な性格をもつ贈与税が課せられるわけです。また、相続税の回避を防ぐ意味合いから、贈与税の課税最低限度は低く、税率も高く設定されています。

② 暦年課税と相続時精算課税

　平成15年度税制改正により、新たに「相続時精算課税制度」が創設されました。これまでは、贈与税は相続税の補完税という位置づけで、税負担が相当高い暦年課税方式のみをとっていましたが、次世代への資産移転を円滑に行うために、相続税・贈与税の一体化および税率の引下げが必要となり、創設されました。

◆ 贈与税の対象

① 対象となる財産

　贈与税の対象となるのは、無償で贈与を受けた現金・預貯金・不動産等の財産のほか、資産を安く売ってもらったり、債務の免除を受けた場合も、贈与があったものとみなされ対象となります。贈与を受けた財産の額は相続税法等で定める一定の方法で評価します。これは相続税を計算する場合と同じです（図表7-28）。

② うっかり贈与とみなされる行為

　個人間の取引、特に親族間での贈与のつもりがない行為でも実

図表 7 −28　贈与があったとみなされる財産

	贈与により取得したと みなされる財産	贈与があったとみ なされる時期
低額譲受	低額譲受けにより受けた利益	財産の取得のとき
債務免除益	債務の免除、引受けなどにより受けた利益	債務免除があったとき
生命保険金	満期等により取得した生命保険金	保険事故が発生したとき
定期金	給付事由の発生により取得した定期金の受給権	給付事由が発生したとき
信託受益権	委託者以外の者を受益者とする信託行為があった場合の信託受益権	信託行為があったとき
その他経済的利益	その他の事由により受けた経済的な利益	利益を受けたとき

質的に贈与があったとみなされる場合には、贈与税が課税されます。したがって、次のような場合には十分注意が必要です。

a)　夫婦でマイホームを購入した場合

　たとえば、頭金5,000万円（夫3,000万円、妻2,000万円）と住宅ローン5,000万円（夫の収入より返済）、総額1億円の住宅を購入した場合、住宅名義は購入資金の拠出割合に応じた持分とすべきです。

　したがって、このケースでは夫10分の8、妻10分の2の持分割合となりますが、うっかりすべてを夫の名義としてしまった場合には、妻から夫へ2,000万円の贈与があったものとみなされます。

276　Ⅲ　富裕層・個人向けサービス

㊊　　　　　　　　　　　　　　　　　　㊋

3,000万円＋5,000万円＝8,000万円　　2,000万円

b)　金銭貸借

　たとえば、子どもが自宅を購入する場合に親が資金援助する場合、「出世払い」といったように単に子どもに対してお金を貸したつもりでいても、金額が大きければ実質的に金銭の贈与としてみなされるケースが考えられます。こういった場合に贈与税をかけられないためには、次の点に注意が必要です。

・金銭消費貸借契約書（借用書）を必ず作成する（借入金額、返済期間・方法・利子等を記載）

・返済の事実を残す（預金口座への振込等）

c)　生命保険金

　生命保険は保険料負担者・保険金の受取人がだれなのかで課税関係が異なります。

　安易に保険金の受取人を決めると贈与税が課税されるケースがあります。具体的には、保険料負担者と保険金の受取人が違う場合には贈与税が課税されます（相続税が課税される場合除く）。

　保険料負担者本人が満期保険金を受け取れば、その本人に対して一時所得として所得税が課せられますが、通常、所得税の負担のほうが、贈与税の負担より小さくなるため、保険の目的にあわせて受取人を決める必要があります（253頁参照）。

③　贈与税がかからないもの（非課税財産）

　贈与財産のなかには、相続税の補完税という性質上、国民感情、公益性等の理由から贈与税がかからない「非課税財産」が定められています（図表7－29）。

第7章　富裕層の相続を支援する　277

図表7-29　贈与税の非課税財産

相続発生の年に被相続人から贈与を受けた財産	贈与税は非課税（相続税の対象）
法人（相続税の対象外）から贈与を受けた財産	贈与税は非課税（所得税の対象）
親族から受けた生活費・教育費	通常必要と認められる範囲内で非課税
離婚による財産分与	不当に高額な部分については課税。課税回避目的の離婚は全額課税
社交上必要な香典・贈答品等	社会通念上相当と認められるもの
公益事業用財産	宗教、慈善、学術その他公益を目的とする事業を行う者で一定の要件に該当する者が取得し、その公益を目的とする事業の用に供されることが確実なもの
特定障害者扶養信託契約に基づく信託受益権	国内に居住する特定障害者が、特定障害者扶養信託契約に基づいて取得した信託受益権のうち、6,000万円（特別障害者以外は3,000万円）までの金額

◆ 歴年課税方式（従来方式）

① 贈与税の計算

　歴年課税方式では、まずその年の1月1日〜12月31日の1年間に贈与を受けた財産の合計額から基礎控除額（110万円）や配偶者控除額を控除して課税価格を求め、この課税価格に下記「贈与

278　Ⅲ　富裕層・個人向けサービス

税の税額速算表」の税率（ a ）を乗じ、控除額（ b ）を控除して贈与税額を算出します（図表 7 - 30）。

$$\underset{課税価格}{\underbrace{\left(\begin{array}{l}贈与を受けた \\ 財産の合計額\end{array} - \begin{array}{l}基礎控除額 \\ 110万円（※）\end{array}\right)}} \times \underset{（a）}{税率} - \underset{（b）}{控除額}$$

（左辺）＝ 暦年課税の贈与税額

※配偶者控除がある場合には、2,000万円を加えた金額

a ）　計算例 1

20才以上の子が、同じ年に父から300万円と母から200万円の贈与を受けた場合、その年の贈与税額は次のようになります。

（300万円＋200万円－110万円）×15％－10万円＝48.5万円

図表 7 - 30　贈与税の税額速算表

平成27年 1 月 1 日以後の贈与					
右記以外の贈与			20歳以上で直系尊属からの贈与		
基礎控除後の課税価格	税率	控除額	基礎控除後の課税価格	税率	控除額
200万円以下	10%	－	200万円以下	10%	－
300万円以下	15%	10万円			
400万円以下	20%	25万円	400万円以下	15%	10万円
600万円以下	30%	65万円	600万円以下	20%	30万円
1,000万円以下	40%	125万円	1,000万円以下	30%	90万円
1,500万円以下	45%	175万円	1,500万円以下	40%	190万円
3,000万円以下	50%	250万円	3,000万円以下	45%	265万円
3,000万円超	55%	400万円	4,500万円以下	50%	415万円
			4,500万円超	55%	640万円

第 7 章　富裕層の相続を支援する　279

ｂ）　計算例2

　ある人が、友人から500万円の贈与を受けた場合（他の贈与はない）その年の贈与税額は次のようになります。

　　（500万円－110万円）×20％－25万円＝53万円

②　**暦年課税方式の申告と納税**

　税額計算の結果、贈与税を納める必要のある人や、贈与税の配偶者控除等の特例を受ける人は、贈与を受けた年の翌年2月1日〜3月15日に、その人の住所地を所轄する税務署長へ贈与税の申告書を提出しなければならず、納付期限も3月15日までとなります。納付期限までに一括の納付がむずかしい場合には、担保提供等の条件付きで5年以内の延納が認められますが、延納期間中は利子税が課せられます。

③　**贈与税の配偶者控除（配偶者から居住用財産の贈与を受けた**
　　場合の特例）

　婚姻関係が20年以上ある配偶者から居住用不動産または居住用不動産を取得するための金銭の贈与を受けた場合には、取得した財産の額から基礎控除額（110万円）のほか、配偶者控除額2,000万円を差し引くことができます。したがって、この特例を受けた場合には、年間2,110万円までの贈与に対しては贈与税がかかりません。また、2,110万円を超える贈与を受けた場合にも、贈与税の負担は大きく軽減されます。

　この場合の贈与を受ける居住用財産は、配偶者所有の家屋、敷地の全部でなく、家屋のみ、敷地のみ、または家屋・敷地の一部でも特例を受けられます。

ａ）　計算例

図表7-31 配偶者控除の適用ポイント

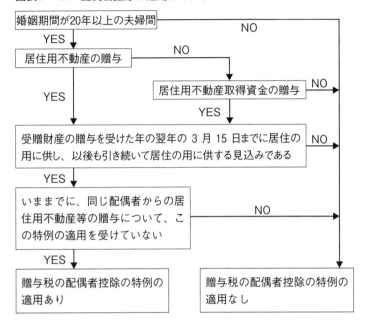

配偶者から2,500万円の贈与を受けた場合の贈与税
・居住用財産ではない場合 (2,500万円−110万円)×50%−250万円=945万円
・居住用財産の場合 (2,500万円−2,000万円−110万円)×20%−25万円=53万円

b) 適用要件
　i 婚姻期間が20年以上にわたる配偶者間の贈与であること
　ii 贈与された財産が居住用不動産または居住用不動産を取得するための金銭であること

ⅲ　贈与された年の翌年3月15日までに、贈与された居住用不
　　　動産または贈与された金銭で取得した居住用不動産に居住
　　　し、かつ、その後も引き続き居住する見込みであること
　ⅳ　同じ配偶者から過去にこの特例の適用を受けていないこと
　ⅴ　一定の書類を添付して贈与税の申告をすること
　贈与税の配偶者控除の適用のポイントを図示すると図表7−31
のようになります。

◆　相続時精算課税制度

　受贈者は一般の暦年単位による贈与税の課税方式にかえて、相
続時精算課税の適用を受けることを選択することができます。相
続時精算課税とは、生前贈与について、贈与時に贈与財産に対す
る相続時精算課税に係る贈与税（「贈与税」）を支払い、その後の
相続時にその贈与財産と相続または遺贈により取得した相続財産
とを合計した価額（課税価格）をもとに計算した相続税額から、
すでに支払った「贈与税」を控除することにより、贈与税・相続
税をあわせて納税をすることができる制度です（図表7−32）。

　相続時精算課税に係る贈与税は、贈与財産の価額の合計額か
ら、複数年にわたり利用できる2,500万円（特別控除額）を控除し
た後の金額に、一律20％の税率を乗じて算出することとされてい
ます。

　相続時精算課税の適用を受けようとする受贈者は、贈与を受け
た財産に係る贈与税の申告期間内（贈与を受けた日の属する年の翌
年2月1日〜3月15日の期間内）に、贈与者ごとに一定の必要事項
を記載した「相続時精算課税選択届出書」を作成し、贈与税の申

図表 7 −32　相続時精算課税制度と暦年課税方式の相違点

		相続時精算課税による贈与	暦年課税による贈与
制度の趣旨		贈与税と相続税の一体課税 生前贈与を促進	相続税の補完税 生前贈与を抑制
贈与者（注）		60歳以上の父母または祖父母	制限なし
受贈者		20歳以上の子・孫 （養子または代襲相続人を含む）	制限なし
贈与時	贈与制度の選択	贈与者ごと、受贈者ごとに贈与制度の選択をすることができる	選択の余地はない
	税額計算	（選択した贈与者ごとに贈与された贈与財産の累積価額−特別控除額）×20%	（その年に受けた贈与財産の価額の合計額−基礎控除額）×超過累進税率
	税率	一律20%	10〜55%の超過累進税率
	非課税額	一生涯において2,500万円の特別控除額を限度として複数年にわたり利用できる	年間110万円の基礎控除額を毎年利用できる
	申告の要否	特別控除額以下の贈与でも申告必要	基礎控除額以下の贈与であれば申告不要
	適用手続	最初の贈与を受けた年の翌年 2 月 1 日〜 3 月15日の間に届出書を提出する	特に手続を必要としない
相続時	生前贈与加算の取扱い	すべての受贈者に対する贈与について相続財産に加算される	相続または遺贈により財産を取得した者が、当該被相続人から相続開始前 3 年以内に贈与を受けた場合に加算される
	受贈者が先に死亡した場合	原則として当該相続時精算課税適用者が有していた納税に係る権利または義務を相続人が承継する	贈与者との関係において特に課税関係は生じない
	贈与税額控除	控除しきれない贈与税相当額については還付される	控除しきれない贈与税については還付されない
	情報開示制度	すべての贈与について情報開示の対象となる	相続開始前 3 年以内の贈与については情報開示の対象となる

（注）　平成31年 6 月30日までは、住宅取得等資金の贈与について相続時精算課税制度による贈与をする場合は60歳未満でも可能である。

告書に添付して、贈与税の納税地の所轄税務署長に提出しなければなりません。

a） 適用対象者

　相続時精算課税の適用対象となる贈与者は60歳以上の親・祖父母、受贈者は20歳以上の子である推定相続人（代襲相続人を含む、以下b）において「子」という）・孫とされています。年齢の判定は、贈与者および受贈者とも、贈与を受ける年の1月1日で行うこととされています。

　また、本制度の適用を受ける者とは贈与者の推定相続人（その時点で推定相続人とされる者）である直系卑属とされているので、贈与者の実子とともに養子縁組をした者も含まれます（養子は養親と実親の両方の親をもつことになるので、それぞれ2,500万円ずつ最大1億円までは非課税でこの制度を利用することができることになります）。

b） 贈与の選択

　この選択は、受贈者である子か孫が各々、贈与者である父、母、祖父母ごとに選択できるものとし、その選択をした年以降の贈与についてはすべて相続時精算課税が適用され、暦年課税への変更はできません。

　そのため、父からの贈与は相続時精算課税による贈与を選択し、母からの贈与は暦年課税とすることは可能です。また、父母や祖父母からの贈与をともに相続時精算課税の贈与を選択すればそれぞれ2,500万円、最大1億5,000万円まで非課税で生前に贈与を受けることができます。

c） 適用対象財産の種類、金額等

284　Ⅲ　富裕層・個人向けサービス

贈与財産の種類、金額、贈与回数には、制限が設けられていません。

　この制度において留意すべき点は、特別控除額以下の贈与の場合、贈与時点では贈与税が課されませんが、相続時には相続財産と過去の贈与財産を加算した金額に対して、相続税が課されるという点です。したがって、無税で移転できるというわけではなく、税金の支払を先延ばししてもらっているにすぎません。

d）　相続財産に加算される贈与財産の価額

　相続時精算課税の適用を受けた場合、すべての贈与財産は相続財産に加算されることとなります。その場合に加算される価額は贈与があったときの価額とされますので、将来値上りすると予想される資産などを生前贈与しておけば効果的です。

e）　課税の仕組み

　i　贈与税額の計算

　相続時精算課税の選択をした受贈者（子・孫）（以下「相続時精算課税適用者」という）は、本制度に係る贈与者（親・祖父母）（以下「特定贈与者」という）からの贈与財産について贈与時に申告を行い、他の贈与財産と区分して、特定贈与者からの贈与財産の価額の合計額をもとに計算した「贈与税」を支払います。その「贈与税」の額は、選択をした年以降については基礎控除額110万円を控除せず、贈与財産の価額の合計額から、複数年にわたり利用できる非課税額2,500万円（特別控除）を控除した後の金額に、一律20％の税率を乗じて算出します。

　　｛贈与財産の価額－2,500万円（特別控除）｝×20％

　　＝贈与税額

ⅱ　相続税額の計算

　相続時精算課税適用者である受贈者（子・孫）は、特定贈与者
（親・祖父母）の相続時に、それまでの贈与財産と相続財産とを合
算して現行と同様の課税方式（法定相続分による遺産取得課税方
式）により計算した相続税額から、すでに支払った「贈与税」相
当額を控除することとしています。その際、相続税額から控除しき
れない「贈与税」相当額については、還付を受けることができ
ます。

◆　住宅取得資金の贈与の特例

①　制度の概要

　平成27年１月１日〜平成31年６月30日の間に、その年１月１日
において20歳以上である者が自己の居住の用に供する一定の家屋
の新築もしくは取得、または自己の居住の用に供する家屋の一定
の増改築（これらとともにするこれらの家屋の敷地の用に供されてい
る土地または土地の上に存する権利の取得を含みます）のための資
金をその直系尊属からの贈与により取得した場合には、契約した
時期や住宅の種類に応じて300万円から最大で3,000万円まで贈与
税を非課税とする制度です。

②　対象となる住宅等

　住宅取得等資金贈与の適用は住宅の新築だけではなく、次のよ
うに新築物件の購入や既存住宅の取得や増改築についても対象と
なります。

a ）　住宅用家屋の新築もしくは建築後使用されたことのない住
　　宅用家屋の取得（登記簿上の床面積が50㎡以上240㎡以下）

286　　Ⅲ　富裕層・個人向けサービス

b) 上記a）とともにするその敷地の用に供されている土地も
しくは土地の上に存する権利の取得のために資金を充ててその
住宅用家屋の新築をした場合、または建築後使用されたことの
ない住宅用家屋の取得をした場合

c) 既存住宅用家屋の取得、または既存住宅用家屋の取得とと
もにするその敷地の用に供されている土地もしくは土地の上に
存する権利の取得のために、資金を充ててその既存住宅用家屋
の取得をした場合

d) 居住の用に供している住宅用の家屋について行う増改築、
またはその家屋についての増改築とともにするその敷地の用に
供されることとなる土地もしくは土地の上に存する権利の取得
の対価に充てて、その住宅用の家屋について増改築をした場合

直系尊属の贈与者は1人とは限らないので、長男が祖父から
1,500万円と父から1,610万円、合計3,110万円の資金の贈与を受
け、長男の居住用の家屋を取得等した場合には、以下のように取
り扱われます。

　（3,110万円－3,000万円）－110万円（基礎控除額）＝ 0 円

　∴贈与税は課税されません

　なお、相続開始前3年以内に贈与を受けた財産は、暦年課税贈
与については、その贈与をした者に相続が発生した場合には、そ
の者の相続税の課税価格に加算したうえで相続税の計算を行う必
要がありますが、今回の特例により贈与を受けた金額について
は、その者の相続税の計算上、相続税の課税価格に加算する必要
はありません。

　一方、相続時精算課税では、2,500万円の特別控除額がありま

すが、今回の制度はこの特例と併用をすることが可能とされていますので、3,000万円を加えた5,500万円までは、贈与税を課されることなく贈与を受けることができます。

◆ 教育資金の一括贈与の特例

　平成25年4月に始まった教育資金の一括贈与制度は、子や孫の教育資金を1,500万円まで非課税で贈与できる制度です。富裕層に限らず、相続税対策として広く人気を集めています。平成27年10月18日付の「日本経済新聞」は、同年7月末現在、大手信託銀行4行と三井住友銀行をあわせた贈与税額は累計1兆200億円超、信託4行からの教育費引出額も1,000億円を超えたと伝えています。平均贈与額は約700万円で、制度の上限である1,500万円を贈与する人は全体の約2割弱にとどまっているそうです。

　① 制度の仕組み

　平成25年4月1日〜平成31年3月31日の期間、30歳未満の受贈者を対象に、教育資金に充てるための信託受益権または金銭等のうち1,500万円に相当する価額について贈与税が非課税となりました。金融機関等との一定の契約に基づいた以下のケースに該当した場合、金融機関等の営業所等を経由して教育資金非課税申告書を提出することで、制度を受けることが可能です。

a）　受贈者の祖父母などから信託受益権を付与された。

b）　受贈者の祖父母などからの書面による贈与により取得した金銭を銀行等に預入をした。

c）　受贈者の祖父母などからの書面による贈与により取得した金銭等で証券会社等から有価証券を購入した（教育資金口座の

開設等）。

その後、受贈者が30歳に達する等の理由で教育資金口座に係る契約が終了した際に、非課税拠出額から教育資金支出額（学校等以外に支払う金銭については、500万円を限度）を控除した残額があるときは、その残額はその契約終了時に贈与があったこととされます（図表7－33参照）。

②　教育資金の範囲

a ）　学校等に対して直接支払われる金銭

・入学金、授業料、入園料、保育料、施設設備費または入学（園）試験の検定料など

・学用品の購入費や修学旅行費や学校給食費など、学校等（注）における教育に伴って必要な費用など

　　（注）「学校等」とは、学校教育法で定められた幼稚園、小・中学校、高等学校、大学（院）、専修学校および各種学校、一定の外国の教育施設、認定こども園または保育所などをいう。

b ）　学校等以外に対して直接支払われる金銭で、教育を受けるために支払われるものとして社会通念上相当と認められるもの

・教育（学習塾、そろばんなど）に関する役務の提供の対価や施設の使用料など

・通学定期券代、留学のための渡航費などの交通費など（平成27年4月以降に支払う一定のものが対象）

詳細は国税庁ホームページ掲載の「祖父母などから教育資金の一括贈与を受けた場合の贈与税の非課税制度のあらまし」をご覧ください。

図表7−33 教育資金一括贈与制度の仕組み

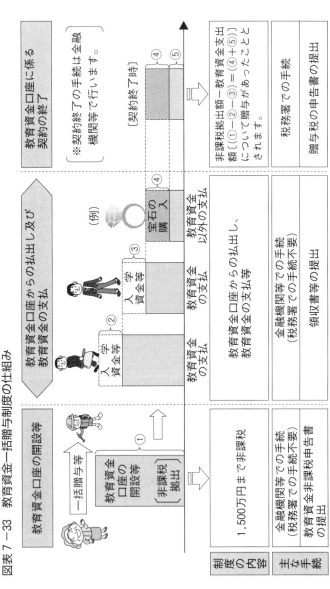

(出典) 国税庁ホームページ「祖父母などから教育資金の一括贈与を受けた場合の贈与税の非課税制度のあらまし」

◆ 結婚・子育て資金の一括贈与の特例

　平成27年4月から「結婚・子育て資金の一括贈与に係る贈与税の非課税措置」という新制度がスタートしました（図表7−34参照）。これは、祖父母や父母の資産の早期移転を促し、子や孫の結婚、出産、子育ての支援を目的とした制度です。

　本来、結婚・出産・子育てにかかる資金は、必要に応じて祖父母や父母が支出する場合、一定の範囲内であれば贈与税がかかりません。しかし、まとまった資金を渡すことは贈与とみなされ、課税対象となる可能性があります。この新制度を利用すれば、祖父母や父母（贈与者）から20歳以上50歳未満の子や孫（受贈者）へ、結婚・子育て資金を1人当り1,000万円まで（結婚関係費用は

図表7−34　結婚・子育て資金の一括贈与に係る贈与税の非課税措置
　　　　　の概要

期　　限	平成27年4月1日〜平成31年3月31日
贈与者	受贈者の祖父母や父母（直系尊属）
受贈者	20歳以上50歳未満の子や孫
限度額	受贈者1人当り1,000万円 （うち結婚関係費用は300万円まで）
使　　途	結婚・妊娠・出産・子育てに必要な資金 【結婚関係】挙式等費用、新居の住居費、引っ越し費用 【妊娠・出産・子育て関係】不妊治療費用、妊婦健診費用、出産費用、産後ケア費用、子の医療費、子の保育費
残高の課税	期間中に贈与者が死亡した場合、残高を相続財産に加算 受贈者の50歳到達時に終了。残高は贈与税課税

第7章　富裕層の相続を支援する　291

300万円まで）非課税で一括贈与することが可能です。

　結婚・子育て資金の贈与には金融機関の「結婚・子育て支援信託」を利用します。まず贈与者と金融機関が信託契約を結んで贈与する資金を信託し、子や孫が領収書などを提出して金融機関に払出しの請求をし、結婚・子育て資金の交付を受ける仕組みです（図表7−35参照）。

　利用に際してはいくつか注意すべき点があります。信託期間中に贈与者が亡くなった場合、結婚・子育て資金として使われなかったお金は相続財産とみなされ、相続税の課税対象となります。また、非課税となる範囲は、結婚に際して支出する費用や妊娠、出産、子育てに要する費用であることにも注意が必要です。具体的には挙式や披露宴のための費用、結婚を機に借りた新居の家賃や敷金・礼金や引っ越し費用、不妊治療費、妊婦健診費、分

図表7−35　結婚・子育て支援信託の仕組み

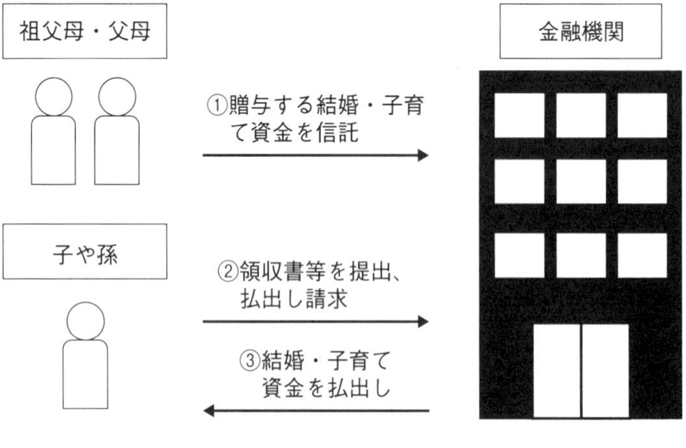

娩費や入院費、産後ケアの費用、未就学児の子の医療費です。そのほか保育園、幼稚園、認定こども園、ベビーシッター業者への支払いなどが対象となります。

法・個連結バランスシートをつくる

① 会社と社長個人の連結貸借対照表

第5章で解説した社長の事業承継・相続対策のためには、ふだんから会社と社長の連結貸借対照表を作成しておくことが必要です。中小企業の場合、社長は借入れにあたって個人保証をさせられます。返済不能のときには、社長個人の全財産を提供しなければなりません。最悪の場合、倒産・自己破産といったことにもなります。

中小企業の場合、社長の子どもが後継者となることが多いので、後継者は親である社長の個人資産を少しはあてにしている場合がありますが、それ以上に自力で切り開く覚悟が後継者には必要です。

ある程度の時間をかけて（3〜10年）社長の資産を後継者に移転するなどして後継者と会社の連結貸借対照表の状態を考慮しながら、事業承継すべきです。

よって、会社の貸借対照表のみならず、社長の貸借対照表との連結貸借対照表、そして後継者の貸借対照表との連結貸借対照表を作成し、時間をかけて後継者の連結貸借対照表を育て上げる必要があり、それは社長の義務でもあります。

実際、相続が発生したときには、社長の財産が各相続人に分配

第7章　富裕層の相続を支援する　293

され、事業承継前の連結貸借対照表と事業承継後の連結貸借対照表の内容が大きく変化するため相続の手続は、社長個人の資産と負債を目論見表として作成することから始まります。連結貸借対照表を作成していない場合、この段階で初めて作成されます。つまり事業承継であれ、相続であれ、いつかは必ず連結貸借対照表を作成しなければなりません。

しかし、現実問題として、相続を待ってから作成するようでは、手遅れです。なぜなら社長の資産のなかには自社株が含まれ、これが大きなポイントになるからです。自社株は会社の資産から負債を差し引いた財産をもとに評価され、社長の資産（自社株）と会社の資産および負債とは切っても切れないものになってしまいます。

また、中小企業、特にオーナー会社の決算書はほとんどの場合、実態を反映していないというのが現実です。赤字にすると銀行から融資を受けにくく、あまり利益を出すと税金をとられてしまうというジレンマがあります。

よくあるケースとして、毎年100万円前後の利益を計上している会社は、役員給与、オーナーから借りている地代・家賃、減価償却費で調整しているケースがあります。ほとんどの場合、税務上問題はありません。銀行からは黒字で債務超過がなく、正常先として喜ばれます。

さらにグループ会社をもっている場合（節税対策という目的が多い）、売上げの振替え、費用の付替えで利益を調整しています。各社の決算期が大きく離れている場合は注意が必要です。

会社自身ですら実態を把握できていないケースも多くあります

が、筆者の経験では、事業再生案件でグループ会社をもっている場合、ほとんどが粉飾決算をしています。

② 金融機関の眼力～オーナー社長と会社を一体で評価

中小企業の債務者区分を決める「信用格付け」は、金融庁の金融検査マニュアルに従い、「定量要因」と「定性要因」の2つで分析されます。おおざっぱにいえば財務指標を中心とする数値的分析による「定量要因」が「7」に対して、数値的に表せない、社長の資質や業歴、市場動向などを評価する「定性要因」が「3」の割合で分析されます。信用格付けのポイントは以下のとおりです。

a) 会社の財務内容……会社に対する社長からの貸付金があり、社長が会社に対して、その返済を要求する意思がない場合、原則として企業の自己資本相当額としてとらえ、貸付金の現物出資を実際に実行していなくても実行したとみなされます。

b) 赤字会社の場合……社長への多額の役員報酬や家賃（注）の支払などにより、赤字となっている場合には、その他の赤字の要因や金融機関への返済状況、返済原資について確認し、単純に赤字というだけで債務者区分を行いません。

（注） 同族企業の場合、社長が会社に貸している地代等。

c) 社長個人資産を加味……会社に返済能力がない場合でも、社長や親族に預金などの個人資産が多額にあり、当該資産を会社に提供する意思が明確な場合には、金融機関がこれらを勘案します。

d) 技術力……高い技術力があるだけでなく、今後受注の増加

第7章 富裕層の相続を支援する　295

が確実に見込まれ、受注に関する資料もあり、これにより業績改善が予想される場合は、このような技術力も勘案します。

e）　販売力……販売基盤が強固で、今後、これらの強みを生かして業績の改善が予想できる場合には、こうした点を勘案します。

f）　社長等経営者個人の信用力や経営資質……社長の入院など、業績の低迷が一過性の原因による場合でも、社長の信用力や経営資質が非常に高く、今後、当該要因が解消しさえすれば業績の回復が見込まれる場合には、こうした点を勘案します。

g）　業種の特性……温泉旅館業のように新規設備資金や改築資金が多い業種については、現時点での表面的な収支や財務諸表のみならず、赤字の要因、投資計画に沿った今後の収支見込み、返済原資の推移などを勘案します。

h）　経営改善計画の策定……大企業のような精緻な経営改善計画がない場合でも、今後の資産売却予定や収支見込みなどをもとに返済能力を確認します。資産売却まで考えていることは信用格付け（定性評価）上、非常に有利に働きます。

i）　返済条件の変更を行っている場合……工事・建設など設備投資資金を融資する場合、いわゆるつなぎ資金的に短期資金で融資し、これらを後に長期資金に切り替えるものなど、通常の商慣習としての条件変更もあることから、条件変更を行ったことのみをもって、債務者区分の判断を行わず資金使途、変更理由を勘案します。

このように金融マニュアルに基づく中小企業の信用格付けのポイントをみると、金融機関は社長と会社を一体として評価してい

ます。このためオーナー経営者の富裕層をみる場合、会社と社長個人の連結貸借対照表を意識する必要があります（図表 7 - 36参照）。

③ 連結貸借対照表の効用と会計事務所の協力

a） 連結することによる社長個人の実体把握

　　ⅰ　オーナーの情報の把握……資産については「実在性」だけでなく「網羅性」も重要です。隠し預金口座、隠し株式、本人が失念している貸付金の存在など、すべてを明らかにすることがポイントになります。

　　ⅱ　貸借対照表の利用によって無駄を把握

・現預金について、運用の必要性はないか

・有価証券について、投資の必要性、株価の動きが気にならないか

・貸付金について、誰に貸す必要があるのか、返済の有無、会社や第三者から借金していないか

・仮払金について、何のために存在し、正当な会計処理をしているか

・土地・建物について、収益を生むものか、現金化できるか、遊休資産となっていないか

・未払金について、自宅の建替え・修繕費など適切な処理を行っているか

・借入金について、社長個人が会社から借り入れている場合、貸借関係のルールの適正性

　　ⅲ　お金の使い方が変わる……富裕層のほとんどは、稼ぎ方以上に使い方のほうが大事だと考えています。お金の使い方は

第 7 章　富裕層の相続を支援する　297

図表7-36　社長個人と会社の連結貸借対照表

社長のB／S

現預金	1,000	未払金	1,000
会社への貸付金	2,000	会社からの借入金	3,600
会社以外への貸付金	2,000		
不動産	1,000		
自社株式	2,000		
繰越利益剰余金	8,000	会社以外からの借入金	11,400
総資産	16,000	総負債・総資産	16,000

会社のB／S

現預金	2,000	営業債務	4,400
営業債権	6,000	社長からの借入金	2,000
有価証券	1,000	社長以外からの借入金	6,000
社長への貸付金	3,600		
社長以外への貸付金	2,000	資本金	2,000
不動産	4,000	繰越利益剰余金	4,200
総資産	18,600	総負債・総資産	18,600

社長・会社の連結B／S

現預金	3,000	営業債務	4,400
有価証券	1,000		
営業債権	6,000	未払金	1,000
		借入金	17,400
貸付金	4,000		
不動産	5,000		
繰越利益剰余金	3,800		
総資産	22,800	総負債・総資産	22,800

298　Ⅲ　富裕層・個人向けサービス

決算書の借方に反映されますが、資産と費用が計上されます。費用はすでに過去のものですが、資産は将来、収益を生む資産だけではなく、費用化できる資産や未解決の債権などがあり、将来の経営に影響を及ぼすものです。連結貸借対照表の作成はお金の使い方を変えるために必要な会計情報となり、スリムな財務体質の強固な企業づくりが実現できます。

b）　連結することの会社の効用

ⅰ　会社の基盤を発見……社長には個人と組織の2つの人格があります。連結貸借対照表により社長は組織人格者として会社単体の貸借対照表で判断できるだけでなく、個人人格者として連結貸借対照表を判断することもできるようになります。

ⅱ　経営力の向上……会社は利益を計上していても、資金が潤沢だとは限りません。一度資金繰りが悪くなると悪循環に陥り、なかなかもとに戻らない場合もあります。連結貸借対照表をつくることにより、無駄を省き、効率的な経営が可能になります。

ⅲ　社長の会計の読解力が向上……企業活動はすなわち人の行動です。人が行動すれば、モノとカネが動きます。この動きを一定のルールに従って記録するものが会計です。会計がわからないということは、すなわち、企業の活動がわからないということです。経営に真剣な社長ほど、成長する会社の社長ほど、鮮度の高い数字を欲しがるものです。

c）　相続税対策としての連結貸借対照表の効用

たとえば、オーナー経営者で、会社に対する貸付金がある場

合、当該会社が赤字もしくは税務上の繰越欠損金がある場合、突然相続が発生すると貸付金が相続財産になるために、相続税対策として、元気なうちに会社に対しての貸付金を放棄し、会社にとっては税務上の損金計上により税金を生じない対策をとるべきです。

d）　会計人と金融機関の協力

　中小企業が会計事務所を顧問とする場合、法人の決算書・申告書の作成を依頼するのが一般的です。その場合「二階建て」と称して、通常の申告書作成はある税理士に依頼し、そのうえに税務署 OB の税理士を申告代理人として依頼する場合があります。優良納税法人に多く見受けられます。また、会社の顧問税理士とは別に、社長個人の申告業務については、他の税理士に依頼する場合もあります。このように会社と社長個人が依頼されている税理士が別の場合には、税理士同士がお互いに情報交換することがほとんどありません。このような場合に、金融機関サイドから連結貸借対照表のメリットを提案することによって、会計事務所と金融機関が共同で会社と社長個人の財産を守ることができます。

【コラム】　メガバンクの「税理士はがし」

　従来、日本では個人資産家の相続税相談は、会社の顧問税理士や知人の紹介で税理士・公認会計士等に依頼するのが、一般的でした。ところが、富裕層の市場が拡大するにつれ、大手金融機関のプライベートバンク部門が税金対策のコンサルティング業務に積極的に乗り出してきています。

　平成27年8月14日付の日本経済新聞電子版に「富裕層に銀行が横やり「税理士はがし」の実態」と題するZUU社長兼CEO（最高経営責任者）の冨田和成氏による興味深い寄稿文が掲載されていました。富裕層や経営者の顧問税理士と金融機関が対立したり、顧問税理士が顧客を奪われる「税理士はがし」とでもいうべきケースが増えているというのです。たとえば、「金融機関からの事業承継に関する提案が顧問先に受け入れられた場合、もともとの顧問税理士がいつのまにか蚊帳の外に置かれたり、金融機関紹介の税理士に顧問を代えられているケースが割と多く発生している」といいます。その際に大手金融機関のPB担当者が提携する大手税務コンサルティング会社などの専門家と一緒に顧客の面前で顧問税理士を質問攻めにし、その信頼を失墜させる作戦がとられることも少なくないそうです。

　記事はこうした事例を紹介したうえで、「最後は金融機関側が稼げるような提案に落とし込まれる可能性も踏まえて付き合うことが求められます。恐らくは生命保険や、不動産購入とそれに関連するローン、または資産管理会社の設立とそれに関連するローンなどといった提案が大部分を占めるでしょう」と、大手金融機関から提案を受ける際の注意を促して締めくくられていますが、筆者もまったく同感です。

　実際に当事務所の長年の顧問先である食品卸売業の例をご紹介しましょう。年商200億円を超える優良企業ですから、地域金融

第7章　富裕層の相続を支援する　301

機関だけではなく、一部メガバンクともつきあいはありました。ある日、そのメガバンクの社員が、大手会計事務所の公認会計士を伴い、利益計画や事業承継対策について会社トップに対する提案を携えて東京からやって来ました。われわれが提案内容を確認してみると、税務的にはグレーな提案でした。税務当局からの否認も考えられるので、顧客を通じてその大手会計事務所に責任の所在を質したところ、その部分については顧問税理士に相談してほしいとのことでした。

　当事務所の場合は、毎年経営計画を策定し、法人と経営者個人の双方に起こりうるさまざまな問題の相談に乗っていたので、この企業との顧問契約が揺らぐことはありませんでした。しかし、顧問税理士に税務以外の経営的な専門知識が乏しい場合は、顧問を解約される場合があるようです。金融機関同士の競争が激化するなか、大手金融機関は、地方の優良企業を集中的に囲い込むことに躍起になっています。顧問税理士から顧問先を奪うことよりも、むしろ、メインバンクの座を奪うこと、優良な融資先を確保することが本当のねらいです。地域の会計人と地域金融機関が緊密に連携をとることで、大手金融機関の攻勢から地域の中小企業を守ることがこれからますます重要になります。

あとがき──いかに両者が経営者の心に寄り添えるか

　最後の「地域金融機関と会計人の連携ポイント」は、「いかに両者が経営者の心に寄り添えるか」です。経営の支援者であるわれわれは、経営者と同じ立場・目線に立ってこそ、できることがあり、社会的価値があると思います。経営者と同じ立場に立ちますが、時にはけん制し、ブレーキを踏むこともあると思います。短期的には経営者が喜ぶことでも、中長期的にはけん制、ブレーキを踏む必要があることが多くあります。たとえば、粉飾決算をする経営者を、中長期的に経営者と企業のことを思い、制止する必要があります。

　経営者をけん制し、ブレーキを踏む場面では、経営者の心を理解し、経営者の立場に立ったうえでの言葉でないと、心に届かないと思います。コーポレートガバナンスの構築を支援する場合でも、再生を支援する場合でも、相続・事業承継を支援する場合でも、同様です。たくさんの人をみてきた経営者であれば、われわれがだれのために、どれぐらいの深さで発言、行動しているかを、見抜くことはたやすいことと思います。

　しかし、地域金融機関や会計人の個人単位では、その属する組織の短期的利益を追求するプレッシャーに負けてしまうことがあります。それを乗り越えていくには、その組織の経営理念、企業風土等のコーポレートガバナンスと、それを解釈して実行する、個人の理念、理想が正しい方向に向いている必要があります。

　企業、地域金融機関、会計人を取りまく環境や制度、ビジネス

モデルは目まぐるしく変化し、対応するテクニックも多種多様ですが、最終的には経営者を近いところで支援する、われわれ個人の目指す高さや考える深さにかかっているのではないでしょうか。外部環境が変化するときこそ、変わらない太い芯が必要だと思います。

　最後になりましたが、私にたくさんの気づきと成長の機会を与えてくださった経営者・地域金融機関の皆様に、ともに切磋琢磨する統合経営グループ・平成監査法人のメンバーに、そして執筆活動を献身的に支えてくれた長谷川佐喜男氏の秘書である豊田賀津子氏に感謝の意を表します。

　平成28年2月

　　　　　　　　　　　　平安監査法人CEO　**西川　吉典**

巻末資料１ ■金融庁「経営者保証に関するガイドライン」の
活用に係る参考事例集の抜粋

> 事例１ 事業計画の実現可能性等を考慮して経営者保証を
> 求めなかった事例

１ 主債務者及び保証人の状況、事案の背景等
・当社は、宿泊業者であり、当行の主力取引先である。
・今般、新事業計画に基づき、10億円の運転資金の申込みがあり、
当行より「経営者保証に関するガイドライン」に基づく経営者保
証に依存しない融資の検討について打診したところ、可能であれ
ば利用したいので是非検討してほしいとの申し出があった。
２ 経営者保証に依存しない融資の具体的内容
・当行において、保証を求めない可能性について検討したところ、
以下のような点を勘案し、経営者保証を求めないで融資を行うこ
とになった。
  ① 当社から提出を受けた事業計画の実現可能性が高く、また、
  事業計画の達成には当行の支援が必要不可欠であること
  ② 計算書類の作成に当たっては公認会計士による監査を受け、
  取締役会の適切な牽制機能発揮のため、親族以外の第三者から
  選任された取締役が取締役会に出席するなど、法人と経営者の
  関係の明確な区分・分離がなされていること
  ③ 毎月月初に自発的に前月の営業実績、資金繰り表、銀行取引
  状況等を持参して経営状況の報告を行うとともに、公認会計士
  による適切な決算資料の作成を行うなど、情報開示に積極的で
  あり、従来から良好なリレーションシップが構築されているこ
  と
・申込みがあった10億円のうち、８億円を無担保のプロパー融資で

巻末資料１　305

実行し、2億円を有担保の信用保証（「経営者保証ガイドライン対応保証」）付融資で実行した。なお、信用保証付融資の担保は、当行の既存融資に対して設定した担保を当該融資に優先適用するとしたものであり、当行からの追加提供ではない。
・本件融資が、当社の事業計画の達成に向けた当行の支援の強化に繋がることが期待される。

> 事例4　牽制機能の発揮に課題が残っているが、経営者保証を求めなかった事例

1　主債務者及び保証人の状況、事案の背景等
・当社はHIDランプ（高輝度放電ランプ）を主力とする自動車用照明器具製造・販売業者であり、近年はLEDランプも好調なため、売上、キャッシュフローともに安定的に推移している。
・取引金融機関は当行をはじめ4行で、当行と県外地銀が各々貸出シェア30％前後であり、並行してメイン行となっている。
・当社の今年度の資金調達に当たり、「経営者保証に関するガイドライン」を説明したところ、可能であれば、今後は経営者保証なしで借入したいとの要望があった。
2　経営者保証に依存しない融資の具体的内容
・当行の検討においては、当社が同族会社であることから適切な牽制機能の発揮には未だ課題が残っているものの、以下のような点を勘案し、当社への融資に当たり経営者保証を求めないこととした。
　①　当社は、以前から「中小企業の会計に関する基本要領」に拠った計算書類を作成しており、法人と経営者の間に資金の貸借はなく、役員報酬も適正な金額となっているなど、法人と経営者の資産・経理が明確に区分・分離されていること

306　巻末資料1

② 当社の収益力で借入金の返済が十分可能であり、また、借換資金の調達余力にも問題がないこと

③ 情報開示の必要性にも十分な理解を示し、適時適切に試算表や資金繰り表により財務情報等を提供しており、長年の取引の中で良好なリレーションシップが構築されていること

・なお、並行してメイン行となっている県外地銀も、今後は経営者保証を求めない予定とのこと。

> **事例5　保全不足ではあるが、経営者保証を求めなかった事例**

1　主債務者及び保証人の状況、事案の背景等

・当社は、放送・インターネット関連事業を営んでいる地元の優良企業であり、山間部への放送・通信等設備の整備を進め、加入世帯数も増加基調を維持しているなど、業況は安定的に推移している。

・今般、当社からの通信設備等に関する新規融資の申込みに当たり、当行から「経営者保証に関するガイドライン」について説明し、当社の意向を確認したところ、将来的に株式公開等も見据えているため、無保証の融資を検討してほしいとの申し出があった。

2　経営者保証に依存しない融資の具体的内容

・当社の意向を受け、当行において検討したところ、経営者等から十分な物的担保の提供がないなど、大幅な保全不足ではあるが、以下のような点を考慮し、本件融資については経営者保証を求めずに対応することとした。また、既存の融資に関する保証契約についても、今後、解除することとした。

① 本社等の資産の一部は経営者名義であるが、当社より適正な

巻末資料1　307

賃料が支払われているなど、法人と経営者の資産は明確に区分
されていること

② キャッシュフローが潤沢で利益償還が十分可能なこと

③ 年度決算時や中間決算時等に定期的な経営状況の報告がある
ほか、当行の求めに応じて、営業の状況が把握できる各種資料
の提出を行うなど情報開示には協力的であり、従来から良好な
リレーションシップが構築されていること

・当社の意向に基づき、経営者保証を求めない新規融資及び既存の
保証契約の解除について、迅速に対応したことから、今後一層の
取引の深耕が期待される。

> 事例6　債務超過ではあるが、経営者保証を求めなかった
> 　　　　事例

1　主債務者及び保証人の状況、事案の背景等
・当社は、ガス設備工事、メンテナンス、ガス機器販売等を営む当
行メインの取引先。
・今般、一般家庭向け省エネ設備の仕入のため、当社から新規融資
の申込みがあり、当行が「経営者保証に関するガイドライン」に
基づく経営者保証に依存しない融資の検討について打診したとこ
ろ、可能であれば利用したいので検討してほしいとの申し出が
あった。

2　経営者保証に依存しない融資の具体的内容
・当行での検討においては、以下のような点を勘案し、経営者保証
を求めないで融資することとなった。

① 当社の事業用資産は関連会社（事業用資産の管理会社）の所
有であり、社外取締役及び監査役といった外部からの適切な牽
制機能の発揮による社内管理体制が整備されているなど、法人

と経営者との関係の区分・分離がなされていること

② 現在、当社単体では債務超過（関連会社との連結では資産超過）であるが、業績が堅調であることから、今後も利益計上が見込まれ、利益による債務の返済が十分可能であり、2年後の債務超過の解消も見込まれること

③ 当社からは定期的に試算表及び銀行取引状況表の提出があり、当行からの資料提出の求めにも速やかに対応するなど、適時適切な財務情報の開示が行われていること

④ 従来から良好なリレーションシップが構築されており、取引状況も良好であること

・本件融資については他行との競合があったが、堅調な業況や今後の事業見通し、財務情報の適切な開示、良好なリレーションシップや取引状況といった点について当行が高く評価したことを当社が高く評価したことを当社が好感し、当行からの融資を利用することとなった。

> **事例8　今後の事業承継を考慮して経営者保証を求めなかった事例**

1　主債務者及び保証人の状況、事案の背景等

・当社は、建設業を営む当行メインの取引先であり、一般建設工事の受注を中心とした堅実な経営により、近年の業況は安定的に推移している。

・今般、長期運転資金の申込みがあり、「経営者保証に関するガイドライン」に基づく経営者保証に依存しない融資の検討について打診したところ、代表者は高齢で、後継者に、相続により保証債務の負担を残したくないとの希望を有しており、経営者保証を提供しないで資金調達ができるのであれば是非利用したいとの申し

巻末資料1　　309

出があった。

2 経営者保証に依存しない融資の具体的内容

・「経営者保証に関するガイドライン」に基づく検討を行う中で、当社から経営者への立替金勘定が存在し、法人と経営者の資産・経理の明確な区分・分離について課題が残っていたため、この点を含めて経営者保証を求めないことについての検討を行った。

・検討の結果、以下のような点を勘案し、経営者保証を求めないで融資を行うことを決定した。

　① 経営者への立替金勘定については近年減少しており、今後さらに解消に向けて減少を図る旨の意向が示されていること

　② 法人のみの資産や収益力で借入の返済が可能であること

　③ 適時適切な情報開示がなされ、従来から良好なリレーションシップが構築されていること

・当社の希望に沿った対応を図ったことにより、当社から、今後の事業承継が円滑に進められると高い評価を受けることとなった。

事例24　保証契約の期限到来に伴い、経営者保証を解除した事例

---

1 主債務者及び保証人の状況、事案の背景等

・当社は、パン・菓子製造業者であり、国内大手のパン製造業者との業務提携により、同社の一部商品の県内での製造・販売を受託するなど、業況は安定的に推移している。

・既存の根保証契約の期限到来に伴い、当行から「経営者保証に関するガイドライン」の説明を行ったところ、当社から現社長の根保証契約の解除について相談があった。

2 保証契約の見直しの具体的内容

・当行において検討を行ったところ、以下のような点を勘案し、既

310　巻末資料1

存の根保証契約の解除を行うこととした。

① 本社、工場、営業車等の事業活動に必要な資産は全て法人所有となっており、役員への貸付金や不透明な経費計上等もなく資金のやりとりは適切な範囲内に収まっており、また、役員報酬は、業況、事業規模等から妥当な水準と判断されるなど、法人と経営者の関係の明確な区分・分離がなされていること

② 好業績が続いており、充分な利益が確保されていること

③ 決算関連資料が継続的に提供されているほか、渉外担当行員が週1回訪問し、業況変化の報告や資金需要等の相談を受けるなど、情報開示についても協力的であること

④ 創業以来のメイン行として、業況変化や資金需要等ある際には事前に相談を受けるなど、従前から良好なリレーションシップが構築されていること

事例25　経営者の交代に際し、前経営者の保証を解除し、新経営者から保証を求めなかった事例

1　主債務者及び保証人の状況、事案の背景等

・当社は、自動車用品業者であり、ガソリンスタンドを主な販売先とし、業況は堅調に推移している。

・今般、当社から経営者の交代の連絡を受けた際に、当行において「経営者保証に関するガイドライン」に基づく保証契約の適切な見直しが必要な状況に該当するものと判断し、当社にその旨を説明したところ、前経営者の保証の解除とともに、新経営者からの保証も可能であれば提供せずに取引を継続したい旨の意向が示された。

2　保証契約の見直しの具体的内容

・当社の意向を受けて、当行において検討したところ、以下のよう

巻末資料1　311

な点から、法人と経営者との関係の区分・分離が図られていること等を勘案し、前経営者の保証を解除するとともに、新経営者に対しても新たな保証を求めないこととした。

① 事業用資産は全て法人所有であること

② 法人から役員への貸付がないこと

③ 当社の代表者は内部昇進での登用が中心であり、その親族は取締役に就任しておらず、取締役会には顧問税理士が監査役として参加しているなど、一定の牽制機能の発揮による社内管理態勢の整備が認められること

④ 法人単体の収益力により、将来に亘って、借入金の返済が可能であると判断できること

⑤ 財務諸表のほか当行が求める詳細な資料（試算表等）の提出にも協力的であること

> **事例29　当社との関係がなくなった前経営者の保証を解除した事例**

1　主債務者及び保証人の状況、事案の背景等

・当社は、建設業者として高い施工技術を持ち、一定の経営基盤や収益環境を構築している。

・平成25年10月期決算は、公共工事の減少により売上は事業計画を下回ったものの、コスト削減により事業計画を上回る経常利益を確保するなど、財務内容の改善に向けた取組みが見られた。

・こうした中、健康上の理由により前経営者が平成25年10月に退任したが、既存の借入金について前経営者が提供していた保証の解除は行わず、新経営者とともに保証の提供を引き続き受けていた。

2　保証契約の見直しの具体的内容

・当社からの相談を受け、前経営者と当行の現在の関係を確認した
　ところ、前経営者が保有していた当社の株式は全て譲渡され、前
　経営者は経営にも全く参画しておらず、実質的にも当社と関係の
　ない立場にあることが確認できたため、「経営者以外の第三者の
　個人連帯保証を求めないことを原則とする」監督指針の趣旨を踏
　まえ、前経営者との保証契約の見直しを検討することとした。
・当金庫において検討を行ったところ、新経営者から保証の提供を
　受けていることや業況回復への当社の取組状況を勘案し、前経営
　者の保証を解除することとした。
・当金庫は、メインバンクとして当社との信頼関係を維持するた
　め、本件保証契約の見直しに取り組んだところ、当社からは当金
　庫の対応を高く評価され、リレーションシップの強化を図ること
　ができた。

巻末資料2 ■SWOT分析の例

【Opportunities：機会】	【Threats：脅威】
・ロボットメーカー、機械メーカー等の継続的な取引のある得意先が存在し、一定の収益源が確保されている。 ・大学等の試験研究機関とのコネクションがあり、試験関係の受注が可能である。 ・台湾や中国に工場をもっているB社と継続的な取引があり、海外のエンドユーザーから受注が可能である。	・得意先の生産拠点が海外に移転することによる受注減少。 ・設備老朽化に対応するための、設備投資・修繕費負担。
【Strengths：強み】	【Weaknesses：弱み】
・材料試験機、省力機器および液晶製造装置等の幅広い技術力を要しており、顧客からの評価が高い。40年以上にわたり培ってきた○○技術がある。 ・多種・多様な技術者を擁するため、顧客のリクエストに応じた製品の提供ができる。 ・代表取締役社長の営業能力が高い。	・A社に対する依存度が高く（売上シェア約90％）、交渉の主導権を握られている。 ・経費に関するモニタリング体制が整備されておらず、経費コントロールができていない。具体的には、主要得意先に対する交際費が大きくなっている。 ・部門別・得意先別採算管理体制が整備されておらず、不採算が生じていても把握しにくい状況にある。具体的には、この管理体制の脆弱性に起因して、不採算部門であった○○部門からの撤退が遅れた。 ・設備投資資金・運転資金に確保のため過大となった借入金に関する元利返済が重い（現状は返済ストップ）。 ・技術者の後継者がいない（中堅の技術者不在）。 ・○○部門からの撤退に伴って、熟練技術者の多くが退職した。 ・社長が営業部門も兼務し、営業専門の担当者がいない。 ・グループ会社で行っている加工業務に係る利益が、当社からグループ会社に移転していた。

巻末資料3 ■筆者たちがかかわった事業再生事例

> **事例(1)　事業スポンサーおよびデット投資による再生**
> 　　　会社概要：株式会社Sグループ（ゴルフ場会社・不動産会社）
> 　　　債務総額：約170億円

○再生スキームの概要

　当事務所では財務デューデリジェンスを行うことにより、不動産会社は損益ベースでは黒字だが、不動産時価の下落により、大幅な債務超過に陥っていたことが判明。ゴルフ場会社は業績良好とまではいかないが、業績はトントンで減少傾向にあり、今後の見通しは決して明るくなかった。

- ・ゴルフ場会社はスポンサーにより事業再構築する必要があるため、当事務所がスポンサーを探したところ、かなり高い評価をする事業スポンサーが現れたため、スポンサーによるM&Aにより事業継続をした。
- ・不動産会社は、時価ベースで大幅な債務超過であったが、債務者が多数いたため、その交渉をスムーズに行うために、不動産オークション事業を営むI社のデット投資により、債務整理を円滑に行えた。その結果、Sグループは多額の債権放棄を得られた。

○再生のポイント

　スポンサーによるゴルフ場の高い評価により、比較的高い値段でM&Aされ、従業員の雇用が確保されるとともに、法的整理に至らずに事業が毀損してしまうことなく継続することができた。

- ・不動産事業は、通常では、複雑な担保関係により債権者との交渉が難航するが、不動産にノウハウを有するスポンサーがデット投資により、債権者を一手に調整し、債務を調整することにより、迅速に債務超過問題が解消された。

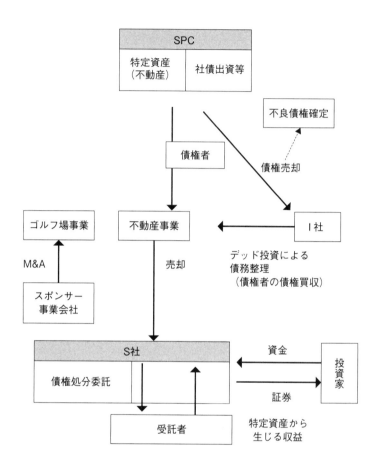

　債権者にとっても、不動産に精通したI社の債権買取価額は、一般的な債権買取価額よりも高いと考えられるので債権買取交渉もスムーズに運んだ。

```
事例(2)  さまざまなスキームによる事業再生
        会社概要：株式会社M（ホテル事業ほか）
        債務総額：約190億円
```

○再生スキームの概要
　・大きくA事業、B事業、C事業、D事業に分かれる。会社とし
　　て、銀行からの追加融資がまったく不可能となったために、再生
　　できる事業について再生の途を探った。
○A事業（高級旅館）
　平成5年に建替え工事を行うが、借金過多となり、バブル崩壊後の
阪神大震災の影響を受け、客足が大きく遠のいた。ただし、経営努力
により営業は継続され、全国旅館ランキングでは常に上位に名を連ね
ている。
⇩
　従業員の雇用前提で、スポンサー企業Eに営業譲渡。
○B事業（レジャーランド）
　バブル崩壊を機に客足が減少し、施設の老朽化やレジャーの多様化
により客足がさらに減少し、最終的には数年前に営業停止となった。
⇩
　営業継続中の営業譲渡は不可能となり、広大な土地を含む不動産の
売却交渉による処理を目指すが、買い手がつかない状態で、切り売り
による不動産処理を目指している。
　（再生としては、事業価値が毀損してしまい失敗）
○C事業（シティーホテル）
　観光名所にあるホテルであるが、築20年が経過し老朽化してきたた
めに客足が遠のくとともに、パーティー開催の頻度も減少してきた。
⇩
　外資系ホテルチェーン等からM&Aの打診が多いものの、弁済債
務額について債権者との調整が必要であり、特定調停法を申し立てる

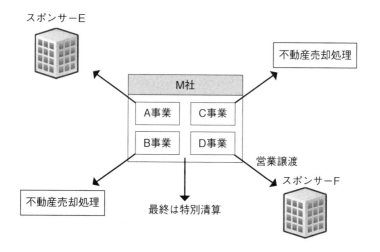

がかなわず、競売ないし任意売却によって処分される見込みである。
（再生としては、債権者との調整がうまくいかず失敗）
○D事業（ビジネスホテル）
　都市部の一等地にあるホテルであるが、施設が老朽化している。施設の改装等を行いたいが、資金不足のためにできていない。ただし、立地条件がよいために営業成績は黒字である。
⇩
　スポンサー企業Fに営業譲渡し、事業はそのままのかたちで継続された。

事例(3)　民事再生法による再生（不動産スポンサー）
　　会社概要：株式会社Ｔ（貴金属小売業）
　　債務総額：約60億円（開始決定日）

○再生スキームの概要
　・民事再生法
　・２店舗で経営をしていたので、まずはＳ店での別除権債権の処理
　　（セールアンドリースバックによる一括弁済）
　・Ｎ店の別除権債権の処理（建設協力金方式による賃貸契約による
　　長期分割弁済）
　・再生債権　90％カット後債権を10年分割弁済
　・社長以外の役員の退任、外部取締役の登用
　・100％減資および外部スポンサー（主として個人）による増資
　　（再生計画案枠内）
○再生のポイント
　・Ｓ店の場合……不動産の売却にあたり、高値で売却し安値でリー
　　スバックしてもらえるスポンサーを探すことができた。
　・Ｎ店の場合……別除権者に対して分割弁済になっても納得できる
　　だけの弁済が可能な賃料を支払ってまで、賃借したいというスポ
　　ンサーが現れた。
　・Ｎ店とＳ店で担保権者、順位等が異なっているとともに、下位ま
　　でびっしりついていたため、根抵当権者の抹消合意をとりつける
　　まで、かなりの困難が伴った。
　・老舗のため、会社・社長を長年愛する支援者（出資者）が多数存
　　在した。
　・大手のM&Aというかたちではなく、あくまでも社長が経営者
　　として残れるかたちでの再生を目指したため、債権者からの風当
　　たりが当初強かったので、難航した。

巻末資料3　319

■計画案 骨子図

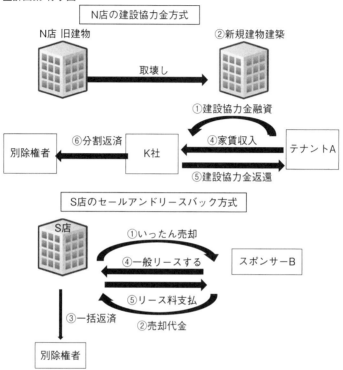

事例(4)　民事再生による再生（投資会社スポンサー）
　　会社概要：株式会社F（外食産業）
　　債務総額：約70億円（開始決定日）

○再生スキームの概要
　・民事再生法
　・投資事業会社の資本注入による不採算店舗・事業の廃止、利益率

の高い事業への経営資源集中
- 別除権債権　分割弁済
- 再生債権　85％カット後債権を10年分割弁済
- 全役員の退任、事業会社の選任した役員の登用
- 100％減資および投資事業会社による増資（再生計画案枠内）

○再生のポイント
- 上場会社であったが、同族経営による債権者の不信感が大きかった。
- スポンサーとなった投資会社は、全役員の退任および退職金カットを要求した。
- 会社側は過去の取引先を中心に同業者からの支援により再生プランを描こうとしたが、不採算店舗を廃止し生き残れる業態での店舗展開を図っていくには、（スクラップ＆ビルドするには）、かなり多額の支援援助が必要であった。

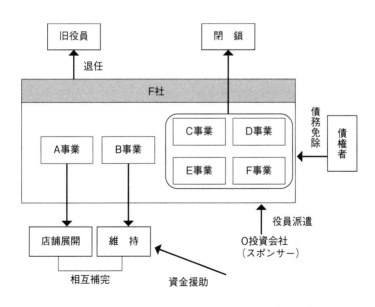

・役員の身分確保よりは、会社の存続・従業員の身分保障を優先させた。
・債権者も大きな後ろ盾ができる点と経営陣が入れ替わることで、再生に合意しやすい土壌となっていた。

事例(5)　民事再生法による再生（取引先スポンサー）
　　　会社概要：株式会社Ｈ（印刷業）
　　　債務総額：約5億円

○再生スキームの概要
　・民事再生法
　・スポンサー（長年の取引先）による DIP ファイナンス
　・100％減資およびスポンサー（長年の取引先）による増資
　・代表取締役の継続
　・従業員の雇用継続
　・再生債権　90％カット後を、スポンサー資金で一括弁済
○再生のポイント
　・不動産担保物件がほとんどなかった。
　・事業を得意分野に特化した。
　・非常に小規模な会社であったため、通常はスポンサーを探すのに苦労するところ、取引先のなかにＨ社の支援に手をあげた企業があった。
　・再生計画認可前までの運転資金を支援する DIP ファイナンスが、取引先企業から行われた。
　・社長の性格・仕事ぶりについて高く評価するスポンサーの支援があったため、役員の交代がなく、従業員の雇用の継続を確保できた。
　・再生債権の弁済はスポンサーの増資による資金によって一括弁済

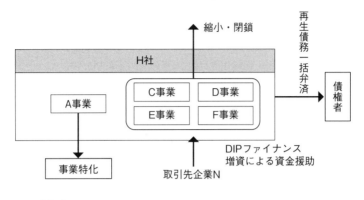

された。

事例(6) 私的整理による事業再生
　　会社概要：株式会社K（繊維事業）
　　債務総額：約60億円

○再生スキームの概要
・A事業を縮小し、営業損益ベースで黒字を確保できるまで売上規模を減少させる。A事業のなかでも利益率の低い事業は大幅に縮小し、小口売上先の整理等を行い、利益率を大幅に改善する。
・B事業については、当社の強味である技術を生かした製品に特化するとともに、提案型営業に注力し、より高付加価値製品にシフトし、売上げの大幅増加を目指すべく経営資源を集中させる。
・製造工程管理で、無駄なコストの発生を再度見直すことにより、製造原価削減を図る。
・販売費および一般管理費をゼロベースで見直し、経費の大幅削減を図る。
・メイン銀行は、債権放棄も前提とした支援の用意があるが、大口

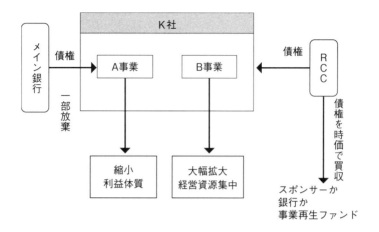

　債権者に RCC も含められていることから、銀行の一定の債権放棄による再建計画の絵を描くためには、RCC 債権について、スポンサーに買い取ってもらうか、メイン銀行（他行でもよいが）や事業再生ファンドに買い取ってもらう必要があるため、現在も調整中。
○再生のポイント
　老舗企業であったが、社長交代により新社長が当方のアドバイスを素直に受け入れ、過去のしがらみを断ち切ってくれたことが大きな成功要因といえます。

事例(7)　リスケジュールによる資金繰り改善
　　会社概要：株式会社Ｘ（マスコミ関連事業）
　　グループ会社として10社

---

(1)　中小企業再生支援協議会へ支援申請
①　借入金増加の原因

（内部的要因）

・平成16年～平成20年の間に自社ビルを３件購入。その購入資金は全額借入れ。

・平成17年から新規に３社立ち上げたが、新会社への資金援助は既存会社が金融機関からの資金を受け、新規会社へ貸し付けていた。

（外部的要因）

・リーマンショックに起因する不景気により急激に減少した収入の補填

② 事業分析

X社の事業を細分化した結果、主要事業は７事業であり、そのなかで中核を占めるのはA事業。

（単位：千円）

	A事業	B事業	C事業	D事業	E事業	F事業	G事業
売上高	1,589,897	264,280	302,630	44,560	30,858	86,015	17,493
売上原価	1,002,120	77,632	102,034	37,184	15,670	65,678	
売上総利益	587,777	186,648	200,596	7,376	15,188	20,337	17,493
販売管理費	560,101	146,421	177,634	48,933	24,076	25,850	12,104
営業利益	27,676	40,227	22,962	▲41,557	▲8,888	▲5,513	5,389

分析の結果、D事業とE事業およびF事業が赤字であり、７事業のうちおよそ半分に当たる３事業が赤字の状態であることが明らかになった。特にD事業に至っては販売管理費のほとんどが営業損失となっており、もはや事業性は残っていなかった。

また、E・F事業については、平成17年以後の新規立上げ後、一度も採算に乗ったことはなかった。

③ その他の分析

巻末資料3　325

会社数を増やしたためにグループ全体の状況把握が困難になり、管理体制の構築もできていなかった。

・多数の金融機関と取引していたため、いずれの金融機関とも確固たる信頼関係を築くことができていなかった。

④　分析結果

外部的要因はあるが、やはり、不動産購入と不採算事業への必要以上の資金援助、およびグループ全体でとらえる視点の欠如による経費の増加が、今回の状況を招いた。

(2)　再生計画案の作成

①　不採算事業の整理・統合

まず、手をつけたことは不採算事業の整理・統合であった。不採算事業とは、マーケットシェア・市場成長率ともに低い事業のことだ。

創業当時からの事業で、かつては企業を代表する事業であったが、時代のニーズにあわなく、社長の思い入れだけが強いため、整理できなかった。

先のＤ・Ｅ・Ｆ事業は比較的新規の事業ながら社長の思い入れの強い事業であり、なんとか残して再生したいと整理には強い抵抗があった。

しかし、現段階で事業性がなく将来にわたり収益の見込みがないこと、事業継続の必要性がないことを粘り強く説得し、最終的には、社員へ譲渡（無償）することにより整理を行った。

②　資産の売却

Ｘ社は業績のよかった時に投資した資産を保有しており、ゴルフ会員権の売却をはじめとして、生命保険をすべて解約するなどしてスリム化を実行した。

③　固定費の圧縮

最後に手をつけたのが、固定費の圧縮。

Ｘ社は大通りに面した条件のいい場所に中核企業の本社を構えていたことから家賃負担が重く、収益を圧迫していた。そこで、今回の再生にあたり、物件の利便性は落ちるものの家賃の安い物件に移転した。

【参考文献】

『ザ・地銀—構造不況に打ち克つ長期ビジョン経営』髙橋昌裕著、金融財政事情研究会

『地銀連携—その多様性の魅力』伊藤眞幸著、金融財政事情研究会

『連結バランスシート経営』海生裕明著、日本経営合理化協会出版局

「月刊金融ジャーナル　2015年4月号」金融ジャーナル社

「企業実務　2015年4月号」日本実業出版社

『TKC全国会7000プロジェクト』TKC全国会

『創業支援50のポイント』東京税理士会編

『先読み経営』佐藤肇著、日本経営合理化協会

『アメーバ経営—ひとりひとりの社員が主役』稲盛和夫著、日本経済新聞出版社

『全員で稼ぐ組織— JALを再生させた「アメーバ経営」の教科書』森田直行著、日経BP社

『アメーバ経営学—理論と実証—』アメーバ経営学術研究会、KCCSマネジメントコンサルティング株式会社

『経営者になるためのノート』柳井正著、PHP研究所

『続　企業参謀』大前研一著、講談社文庫

『コーポレートガバナンス・コード作成ハンドブック』今井祐著、文眞堂

『コーポレートガバナンス・コードの実践』武井一浩著、日経BP社

『コーポレートガバナンスの教科書』松田千恵子著、日経BP社

『コーポレートガバナンス・コードの読み方・考え方』中村直人・倉橋雄作著、商事法務

『コーポレートガバナンス・コードを読み解く』渡邊顕著、商事法務

『コーポレートガバナンス・コード』堀江貞之著、日経文庫

『変わるコーポレートガバナンス』森・濱田松本法律事務所著、日本経済新聞出版社

『開示事例から考えるコーポレートガバナンス・コード』樋口達・山内宏光・小松真理子著、商事法務

『決定版　これがガバナンス経営だ！』冨山和彦・澤陽男著、東洋経済新報社

『7つの習慣 最優先事項』スティーブン・R・コヴィー著、キングベア出版

『ザ・ラストマン』川村隆著、角川書店
『林原家　同族経営への警鐘』林原健著、日経 BP 社
『同族経営はなぜ3代でつぶれるのか？』武井一喜著、クロスメディ
　　ア・パブリッシング
「一橋ビジネスレビュー　2015年 AUT.（63巻2号）　ファミリービジ
　　ネスその強さとリスク」東洋経済新報社
『堀場雅夫の社長学』堀場雅夫著、ワック出版

地域金融機関と会計人の連携
――中堅・中小企業の創業・成長・事業承継・
　再生支援バイブル

平成28年4月5日　第1刷発行

著　者　長谷川　佐喜男
　　　　西　川　吉　典
発行者　小　田　　　徹
印刷所　三松堂印刷株式会社

〒160-8520　東京都新宿区南元町19
発　行　所　一般社団法人 金融財政事情研究会
　　　編集部　TEL 03（3355）2251　FAX 03（3357）7416
販　　売　株式会社きんざい
　　　販売受付　TEL 03（3358）2891　FAX 03（3358）0037
　　　　　URL http://www.kinzai.jp/

・本書の内容の一部あるいは全部を無断で複写・複製・転訳載すること、および
　磁気または光記録媒体、コンピュータネットワーク上等へ入力することは、法
　律で認められた場合を除き、著作者および出版社の権利の侵害となります。
・落丁・乱丁本はお取替えいたします。定価はカバーに表示してあります。
ISBN978-4-322-12863-5